つまずきから授業を変える！

＼高校地理／

# 「PDCA」授業＆評価プラン

橋本康弘・中本和彦 編著

明治図書

# はじめに

　新学習指導要領は，2022年度から年次進行により高等学校で本格実施となり，完結します。この間，「板書型」「知識教授型」の授業が中心であった高等学校でも「討論型」「議論型」「対話型」「ペア・トーク型」など，児童・生徒の「アクティブ・ラーニング」を通した「深い学び」の実現を目指す授業が展開されています。

　しかし，授業を行っていく中で，生徒が取り組む学習課題に対して，教師が想定していない「つまずき」，①「わかっているつもりでも正確にはわかっていない」，②「『生徒の思い込み』でわかっていない」，③「解決策を考える際に，机上の空論を主張する生徒がいる」，④「そもそも『表面』的理解に止まりやすく，『深い』理解に行き着きにくい」等の認識面での「つまずき」，⑤他所の人の立場・状況を想像できない（地理），歴史上の事柄・事柄の意味を想像できない（歴史），今の自分の立場から離れることができない（公民）ためにバランスのよい検討ができない，⑥「自己責任論」等の「道徳的な判断規準」に傾斜したり（公民），⑦「『問題』を問題として意識できな」かったり（公民），といったような判断面での「つまずき」をし，その「修復」に時間を要したり，生徒同士の議論が思わぬ展開に進むことで，想定された授業目標が達成できていない授業が散見されるようになりました。

　高校地理の場合，生徒の「つまずき」は，地図や統計などの諸資料に関わる場面で多くなっています。それは，問いの発見や興味・関心を高める際のつまずき，読み取りの技能に関わるつまずき，一面的・ステレオタイプ的な考察や表面的な現実味のない構想などとなって現れます。つまり，「討論型」「議論型」「対話型」等の授業を実践しても，「深い」学びが実現できていないのです。また，高等学校では，その評価の方法が「ペーパーテスト一辺倒」だったこともあり，「討論型」「議論型」「対話型」等の授業の評価のあり方については，今後の検討課題となっています。

　以上の問題意識から，本書では，生徒の「つまずき」から授業を変えるといった視点で授業及び評価のプランを提言します。観点別評価が導入され，「指導と評価の一体化」のもと形成的評価が求められている中で，実践上の具体的な生徒（教師）のつまずきとその対処例を示すことで，「地理総合」や「地理探究」を担当する先生方だけでなく，特に，若い先生，地理の授業を苦手とする先生方の授業開発や授業改善が図られ，生徒（教師）のつまずきが解消され，ひいては学力向上に資する真正な授業実践と形成的評価の一助となることを期待しています。

　本書を通じて，高等学校において，「討論型」「議論型」「対話型」等の授業実践がさらに充実し，かつ，高等学校において「指導と評価の一体化」が実現できれば幸いです。

2022年7月

橋本　康弘

中本　和彦

## 「PDCA 型授業」とは

　高等学校地理では，「討論型」「議論型」「対話型」等を採用した授業開発は行われていますが，学習評価までを見通したものとなっていないものもあります。また，生徒の「つまずき」を意識した授業開発・実践とはなっていない場合が多くなっています。授業はライブなので，生徒の「つまずき」を意識する必要がありますが，それを意識できず，生徒が「つまずき」ます。結果として，生徒の「つまずき」は教師が授業を進めていく上での「つまずき」にもなります。そのため，本書では，授業づくりの方法論を提供するために，「授業開発（Plan）＋実施（想定）（Do）＋生徒の反応（の予想）（Check）とそれへの対応を総括した（Action）（トータルで PDCA 型授業）」を研究として行い，紙面に示すこととします。また，「指導と評価の一体化」の観点から，評価の観点を加えて，PDCA 型授業の構想を再構成して提示します。

# Contents

# 1

## 指導と評価の一体化を目指す！
## 高校地理
## 「PDCA」授業デザイン

―つまずきから授業を変える！―

# **1 はじめに**─なぜ，今，指導と評価の一体化なのか─

「指導と評価の一体化」という言葉は，周知のように，今回の学習指導要領の改訂で新たに出てきた言葉ではありません[1]。にもかかわらず，なぜ，今，指導と評価の一体化なのでしょうか。それは，評価観の転換が求められているからです。

平成30年告示の学習指導要領では，各教科等の目標及び内容が，育成を目指す資質・能力の3つの柱（「知識及び技能」「思考力，判断力，表現力等」「学びに向かう力，人間性等」）に沿って再整理され，どのような資質・能力の育成を目指すのかがより明確にされました。「何ができるようになるか」という資質・能力の育成を目指して，「何を学ぶか」だけでなく，「どのように学ぶか」という主体的・対話的で深い学び（「アクティブ・ラーニング」）の視点（方法面）からの授業改善が重視されています。

また，今回の学習指導要領改訂の方向性の中心に，「カリキュラム・マネジメント」が位置づけられ（図1），「教育課程の実施状況を評価してその改善を図っていくこと」として，教育課程を編成・実施し，学習評価を行い，学習評価を基に教育課程の改善・充実を図るというPDCAサイクルを確立することが重要とされました。

加えて，小・中学校で導入されていた観点別評価が，今回，高等学校へと拡大されることになりました。

これらは，何を意味するのでしょうか。それは，「何ができるようになるか」を目指すためには，授業者は「子どもたちにどのような力が身についたか」あるいは「どこにつまずきが見られるか」という生徒の学習状況を的確に捉え，それらを基に授業の改善・充実を図ることが重要であり，それを求めている，といえるのではないでしょうか。

**図1　学習指導要領改訂の方向性[2]**

これまで評価といえば，主として，テストをつくり，試験を実施し，試験が終われば採点をしてテストを返し，評定をつけてそれで終わり，となってはいなかったでしょうか。たとえ授業ごとに小テストを行ったとしても，生徒の到達度を測ることに留まっていたのではないでしょうか。

なぜ，指導と評価の一体化として指導したことと評価を一致させることが大切なのか。それは，指導と評価が一致していなければ的確なフィードバックができないからです。学んでいないことを評価されるのは不公正だということはもちろんなのですが，それよりも指導と評価の一体化が求めているのは，「どこが身についていないのか」を明らかにして，次の学習と指導の改善に活かすためです。そしてさらにもう少し踏み込んでいうと，授業の前にレディネスとして行う評価も，授業途中で行う評価も，授業の後に行う評価も，全ての評価が指導の一つといえるからです。

まさに今，指導と評価の一体化によって，評価観を総括的評価観から形成的評価観へと転換させ，形成的評価によって授業改善を図ることが求められているのです[3]。

# 2 なぜ，「PDCA」授業デザインなのか

本書では，指導と評価の一体化を図るための方略として，「PDCA」授業デザインを提案しています。なぜ，指導と評価の一体化のためには，「PDCA」授業デザインなのか。それは，リアルな形成的評価による授業改善の実現を目指しているからです。

PDCAサイクルは，もともとはデミングの品質管理理論に端を発するもので，P（計画）－D（実施）－C（評価）－A（改善）をスパイラルに繰り返すことによって理想的な商品へと質の向上を目指す物づくりを起源とするものでした。それが，より広く経営活動一般に適用され，日本の学校経営学では，1960～70年代，欧米の経営学から経営過程論が紹介され，これらを参照してPDSサイクル（Plan－Do－See）が定式化されました[4]。そして2000年代には評価と改善の連動を強調するPDCAサイクルが主流となり，先に述べたように，今回の改訂でもカリキュラム・マネジメントにおいてその確立が重要視されることとなりました。

このように，今では授業改善においても当たり前のように聞かれるPDCAサイクルですが，その実態はどうでしょうか。もちろん，すぐれたPDCAサイクルによる授業改善を図っておられる先生方，学校もあるでしょう。しかし，例えば，研究授業ではどうでしょう。何ヶ月も前から準備を始める巨大な計画段階（P）があって，特別に仕立てられた授業を実施し（D），その後研究協議会に皆で集まって批評し（C），改善（A）は個人に任されるか，一過性のイベントとしての研究授業で終わり，ということになってはいないでしょうか。

本書で提案するPDCA型授業は，「授業計画（Plan）＋実施（Do）＋生徒の反応（Check）とそれに対する対応を総括する（Action）」として，授業計画（Plan）と実施（Do）だけでなく，生徒の反応のCheckとそれへの対応を総括したActionを特に重視しています。

私たち教師は，日々，授業を行い，その中で生徒のつまずきや自分自身のつまずきを感じ，即興的に対応したり，反省したりしています。本書で提案するPDCA型授業は，そうした教育現場での日常の試行錯誤の行動を，研究的なレベルにまで引き上げようとするものです。計画・実践する中で見えてきたつまずきを意識的に取りあげ，公開し，研究的にそのつまずきから改善策を見出し，総括的に提案します。私たち教師自身が実践者かつ研究者として，個々の具体的なつまずきから授業改善までの問題解決のプロセスを，いわばアクション・リサーチ[5]として公開，提案するものとなります。その提案は，行動と内省を繰り返す中で生まれています。そのため，提案はおおよそ大きく2つのパターンが見られます。1つは（多くはこのパターンですが），計画した授業を実施する中で生徒のつまずき，あるいは教師のつまずきを捉え，改善を図って提案するというもの（P→D→C→A順のパターン）。もう1つは，既に過去の実践から生徒のつまずきを強く意識していて，改善策を盛り込んで授業計画を提案するもの（D＋C→A＋P順のパターン）が見られます。もちろん，この2つがミックスしたようなものも見られます。また，本書で提案されるそれぞれの授業は，それぞれの執筆者が授業を計画・実践する中で見えてきた生徒や教師のつまずきを反映し，事例的，かつ個性的です。生徒のつまずきや教師のつまずきも，数値的なデータに基づくというよりも質的，経験的なものであり，（傾向性は発見できるかもしれませんが）一般化は難しいものと思われます。それでも，執筆者一人一人のリアルな実践を通して見出されたつまずきとその改善の提案は，たとえ読み手が多様な教室状況にあったとしても，一定程度の共感と説得力を持って受け入れられるものと確信しています。

　このように，「PDCA」授業デザインは，日常のリアルなつまずきを捉えて改善する，リアルな形成的評価による授業改善を実現し，指導と評価の一体化を図ろうとするものといえます。

# 3 「PDCA」授業デザインの指導と評価の一体化の方略

　それでは，「PDCA」授業デザインは具体的にどのような方略で，形成的評価による授業改善を実現し，指導と評価の一体化を図ろうとしているのか，紹介したいと思います。

　本書での授業提案は，大きく2つのパートから提案されます。まず前半で，授業のねらいと学習指導案を提示します。次に，後半でつまずきの読みときとその改善策を説明します。この2つのパートがセットで1つの提案となります。以下，1～3で前者のパートを，4で後者のパートについて説明します。

## 1 学習活動，評価の観点，評価規準などを示した学習指導案

　本書の学習指導案は，「生徒の学習活動」「評価の観点」「評価規準など」で構成されています[6]。左から「生徒の学習活動」「評価の観点」「評価規準など」を示すことによって，指導と評価の一体化を図ろうとしています。つまり，それら3つの項目から，どういう学習活動で，

どういう評価の観点のどういう評価規準によって，生徒の学習状況（つまずき）を把握し，授業にフィードバックするか，という形成的評価が明確になります。また，一つひとつの評価規準は，学習内容と結びついているので，評価規準を見ることによって，学習内容がわかります。

　例えば，表1では，「一人っ子政策の廃止によって出生率がどうなったか，資料を基に確認する」という生徒の学習活動において，「知識・技能」の観点から「●一人っ子政策を廃止しても出生率が下がり続けていることについて資料を基に理解している」という評価規準で生徒の学習状況を把握するとともに，「主体的に学習に取り組む態度」の観点から「●一人っ子政策を廃止しても出生率が上がらないことに疑問を持っている」という評価規準で，課題2に見られるような問いを持つことができているか，生徒の学習状況を把握することとなります。もし，前者の内容について資料を基に十分な理解が見られないようであれば，また，理解したことから関心を持って問いを持つことができていないようであれば，それぞれのつまずきについての対応・改善が求められることになります。このように，「生徒の学習活動」「評価の観点」「評価規準など」を示すことで，形成的評価によるフィードバックが明確になります。

表1　CASE24　「中国」の学習指導案（課題2）

（○…評定に用いる評価　●…学習改善につなげる評価）

| 生徒の学習活動 | 評価の観点 | | | 評価規準など |
|---|---|---|---|---|
| | 知 | 思 | 態 | |
| 3　低下し続ける出生率<br>・一人っ子政策の廃止によって出生率がどうなったか，資料を基に確認する。 | ● | | | ●一人っ子政策を廃止しても出生率が下がり続けていることについて資料を基に理解している。<br>●一人っ子政策を廃止しても出生率が上がらないことに疑問を持っている。 |
| 課題2　中国では一人っ子政策をやめたのに，なぜ，出生率が上がらないのだろう。 | | | | |
| ・一人っ子政策を廃止しても出生率が上がらない理由について，班で話し合って仮説を立てる。<br>【指導上の留意点】<br>日本の少子化の原因などを参考にする。 | | ● | | ●出生率が上がらない理由について，日本の少子化の原因などを参考に仮説を立て，説明している。 |
| 【第2時】<br>4　出生率が上がらない理由<br>・3人っ子政策に対する国民の反応はどうだろうか。SNS上の声を確認し，ジグソー法でエキスパート活動を行う。 | | ●<br>● | | ●出生率が上がらない理由について，資料を探して考察し，議論している。<br>●他者と協働的に課題について追究している。 |

## 2 観点別評価の実際

　学習指導要領の目標に基づいて，評価の観点も「知識・技能」「思考・判断・表現」「主体的に学習に取り組む態度」となりました（図2）。本書でも，表1で示したように，「評価の観点」を「知」「思」「態」と分類して示し，それに対応するように「評価規準など」にそれぞれの評価規準を示しました。

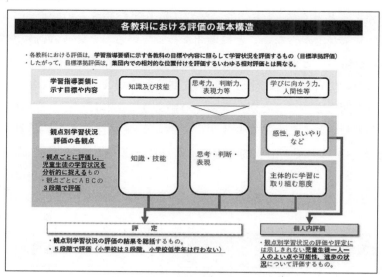

図2　各教科における評価の基本構造[7]

## 3 「評定に用いる評価」と「学習改善につなげる評価」

　学習指導案の「評価の観点」及び「評価規準など」は，「〇評定に用いる評価」と「●学習改善につなげる評価」の2つの評価に分けて示してあります。「〇評定に用いる評価」は，毎回の授業ではなく原則として単元や題材など内容や時間のまとまりごとに，それぞれの実現状況を把握できる段階で行うなど，その場面を精選することが重要となります[8]。また，学習のまとまり全体を通したつまずきを把握することにもなります。「●学習改善につなげる評価」は，評定のための資料としては用いないものの，日常の学習改善につなげる評価となります[9]。机間指導や作業状況の確認やその支援などを含めた，生徒の学習状況を確認する場面を示しています。

　例えば，表2では，ジグソー法で元の班に戻った時「●出生率が上がらない理由について，多面的・多角的に考察し，表現している」という評価規準に基づいて，生徒の学習状況を把握し，学習改善につなげることになります。一方，課題3では，「〇出生率が上がらない理由について，他者の意見を参考に，多面的・多角的に考察し，説明している」と「〇評定に用いる評価」になっています。これまでの学習や他者の意見を参考に，学習全体を通して，課題2に

ついての個人による考察，説明を，ワークシートの記述などを通して評価することになります。また，「○少子化を転換させるための解決策について，学習の成果を基に構想している」では，さらに学習成果を基に，解決策について実現可能性なども含めて粘り強く深く問い，探究しているかを，同じようにワークシートの記述などを通して評価することになります。

## 4 つまずきの読み解きとその改善策

　本書では，提示した学習指導案の「評価の観点」「評価規準など」に基づいて見られた生徒（教師）のつまずきを２～３個取りあげ，つまずき①～③としてつまずきの様子や要因などを読み解き，「つまずきへの対応」としてそのつまずきへの具体的な対応について説明しています。

表2　CASE24　「中国」の学習指導案（課題3）

（○…評定に用いる評価　●…学習改善につなげる評価）

| 生徒の学習活動 | 評価の観点 | | | 評価規準など |
|---|---|---|---|---|
| | 知 | 思 | 態 | |
| ・元の班に戻って，エキスパート活動の成果を出し合って，班ごとに図にまとめ，クラス全体で発表する。 | | ● | | ●出生率が上がらない理由について，多面的・多角的に考察し，表現している。 |
| **課題3**　中国は少子化を転換させるためにどうする必要があるだろう。 | | | | |
| 5　出生率を上げるには……<br>・出生率が上がらない理由についての各班の発表を参考に，個人で，課題2についてまとめ，さらに，それらを基に，少子化を転換させるために必要な解決策について構想する。 | | ○ | | ○出生率が上がらない理由について，他者の意見を参考に，多面的・多角的に考察し，説明している。 |
| | | | ○ | ○少子化を転換させるための解決策について，学習の成果を基に構想している。 |

　例えば，表2では，「●出生率が上がらない理由について，多面的・多角的に考察し，表現している」という評価規準で生徒の学習状況を見た時，「せっかく出生率が上がらない理由を複数見つけ出したとしても，それらを関連付けて論理的に言葉で説明することが難しい」というつまずきが見られたため，そのつまずきへの対応として，「まずは日本の「少子化のフローチャート」を参考に，図化するようにしました」と説明されています（本書，p.113）。

　本書を通して，観点別の評価規準を視点にした様々な生徒（教師）のつまずきとその対応を具体的に事例として見ることができます。

## 4 おわりに―つまずきによる授業改善の見える化―

　教師は，自らの育てたい子ども像（教育観）や授業観などに基づきつつ，学習指導要領や教科書，地域，学校，そして何より生徒の状況に応じながらそれらを調節し，授業をつくり，実

践しています。そういった意味で，ソーントンがいうように，「教師というのは，良くも悪くも，あるいは意識的，無意識的にかかわらず『門番』(Gatekeeper)」[10] ではないでしょうか。

　世の中にはいい授業がたくさんあり，また研究会や学会などでその成果に触れることができます。しかし，自分もいい授業をつくりたいのに，あの人はどうしてそのような授業をつくることができたのか，その授業づくりのプロセスはブラックボックスになっていることがしばしばです。本書の授業提案は，指導と評価の一体化によって形成的評価を通して授業改善を図るプロセスを見える化してくれます。と同時に，つまずきから授業を変えるプロセスを通して，カリキュラム・ユーザーではなくカリキュラム・メーカーとしての教師の姿を，これまでブラックボックスとなっていた教師のゲートキーピングを，私たちに見える化してくれるはずです。

（中本　和彦）

---

【註】

1)志村喬「指導と評価の一体化」日本社会科教育学会編『新版 社会科教育事典』ぎょうせい，2012年，pp.280-281

2)中央教育審議会「幼稚園，小学校，中学校，高等学校及び特別支援学校の学習指導要領等の改善及び必要な方策等について（答申）補足資料」2016年，p.6

3)棚橋健治「診断・形成・総括的評価」日本社会科教育学会編『新版 社会科教育辞典』ぎょうせい，2012年，pp.272-273。石田智敬「診断的評価／形成的評価／総括的評価」西岡加名恵・石井英真編著『教育評価重要用語事典』明治図書，2021年，pp.35-36

4)田村知子「PDCA サイクル」西岡加名恵・石井英真編著『教育評価重要用語事典』明治図書，2021年，p.153

5)秋田喜代美「アクション・リサーチ」日本教育方法学会編『現代教育方法事典』図書文化社，2004年，p.48

6)本書の学習指導案は，国立教育政策研究所教育課程研究センター「「指導と評価の一体化」のための学習評価に関する参考資料 高等学校地理歴史」2021年，に準じている。

7)中央教育審議会初等中等教育分科会教育課程部会「児童生徒の学習評価の在り方について（報告）」2019年，p.6

8)9)前掲6)，p.44

10)スティーブン・J・ソーントン／渡部竜也・山田秀和・田中伸・堀田諭訳『教師のゲートキーピング―主体的な学習者を生む社会科カリキュラムに向けて』春風社，2021年，p.24

# 2

つまずきから授業を変える！
高校地理
「PDCA」授業＆
評価モデル

 地理総合　地図と GIS の活用：地図

# 身の回りの地図を集めよう！

**14時間**

## （1）　授業のねらい

・身の回りの地図に見られる様々な表現上の工夫について考察したことをまとめる。

・統計地図の基本的な特性と用途に応じた適切な活用について考察したことをまとめる。

## （2）　学習指導案（12／14時間）

（○…評定に用いる評価　●…学習改善につなげる評価）

| 生徒の学習活動 | 評価の観点 | | | 評価規準など |
|---|---|---|---|---|
| | 知 | 思 | 態 | |
| 【第12時】<br>1　身の回りの地図を集める<br>・インターネットなどを活用して，観光案内図，道路地図，路線図や電子地図，ハザードマップなど自分の身の回りの地図について，画像形式で5個以上収集する。 | | | | |

| 課題1　身の回りの地図の表現上の工夫をまとめよう。 |
|---|

| 生徒の学習活動 | 知 | 思 | 態 | 評価規準など |
|---|---|---|---|---|
| 2　収集した地図を考察する<br>・方位や距離，縮尺が正確な地図と不正確な地図に仕分けする。<br><br><br><br><br><br>・収集した地図のうち，方位や距離が不正確な地図を一つ選び（例：鉄道路線図），目的に応じた表現上の工夫について考察し，文章にまとめる。 | ● | | | ●身の回りの地図に見られる様々な表現上の工夫について考察したことを文章にまとめている。<br>・記述例：鉄道路線図は，自社線を太く表現している。また駅と路線のつながりと駅の配列をわかりやすく示すため，距離・方位・縮尺については不正確なものが多い。またデザイン性を意識してデフォメルされた直線や曲線を多用している。<br>・記述例：ハザードマップは，災害の想定範囲，避難場所，避難ルートの位置や広がりを正確に示すことで，災害時の避難行動を具体的に考えることができる。 |

| 生徒の学習活動 | 評価の観点 | | | 評価規準など |
|---|---|---|---|---|
| | 知 | 思 | 態 | |
| 3　自分の考察した結果を発表して，クラス全体で共有をする<br>【指導上の留意点】<br>・生活の中で恩恵を受けている地図やGISについて，様々な工夫が行われていることに気づかせる。 | | | | 鉄道線路図は，距離・方位・縮尺については不正確なものが多いが，駅と路線のつながりと駅の配列をわかりやすく示すため，またデザイン性を考えて，直線や曲線を多用しているようだ。　ハザードマップは，災害の想定範囲，避難場所，避難ルートの位置や広がりを正確に示してくれるために，災害時の避難行動を具体的に考えることができる。 |
| 4　様々な統計地図の基本的な特性と用途に応じた適切な活用について学習する<br>・ドットマップ，図形表現図，階級区分図，等値線図について，基本的な特性と用途に応じた適切な活用を学習する。 | ○ | | | ○様々な統計地図の基本的な特性を考え，統計の種類や主題図の用途などに応じて，地図の表現方法を適切に選択して作図している。 |
| 課題2　階級区分図を作図してみよう。 | | | | GISで作ったベースマップと統計データから階級区分図を作らせる |
| 5　階級区分図を紙ベースで作図する活動を通して，統計地図に客観性を持たせるための地図表現の工夫を学習する<br>【指導上の留意点】<br>今後の地理学習で活用する統計地図にも，地図表現の工夫があることに気づかせる。 | | | | |

## （3）　授業の展開と2つの「つまずき」

**つまずき①　生徒に収集させた「身の回りの身近な地図」をどう扱うか**

　最初に筆者がこの授業を行った時，生徒には「インターネット検索で身の周りの地図を探そう」とだけ指示を出して，地図画像の検索とその名称の確認を行わせました。そして生徒には収集した地図を，「自分の生活を支える地図には様々なものがあること」の証左としてのみ使わせるつもりで，その後の学習活動に使うことは考えていませんでした。つまりこの後の授業の流れでは，教員が別に用意した事例地図を使って，まず「方位，距離，縮尺が正確ではないものの我々の生活に役に立つ身の回りの地図」について，用途に応じた様々な工夫を考察させ，次に「統計地図やGIS地図など方位，距離，縮尺などを正確に描画している地図」について，意義や表現上の工夫を考察させようと計画していました。しかし生徒が様々な地図を収集した後，それらをもっと授業に生かすことで，主体的な学習になるのではと考えました。

　筆者は，生徒に「身の回りの地図」を収集させた後の授業展開を修正しました。生徒にはまず集めた地図を，①距離，方位，縮尺が正確ではないものの，我々の生活に役に立っている地図と，②距離，方位，縮尺が正確で，我々の生活に役に立っている地図の2つの地図に仕分けさせ，下のようにワークシートにまとめさせました。またタイミングを見て複数の生徒を指名して地図の例をあげさせ，それを黒板に書き出し，全体共有をはかりました。

---

①距離，方位，縮尺が正確ではないものの，我々の生活に役に立っている地図

　鉄道路線図，観光案内図，天気予報図，サイクリングロードの地図，カーナビマップ，店舗までの道案内図

②距離，方位，縮尺が正確で，我々の生活に役に立っている地図

　地図アプリの地図，Google Earth の地図，地図帳の地図，世界地図や各国の地図，自分のくらす都道府県や市町村の行政地図，統計地図，ハザードマップ

---

　さらに次に，生徒には，収集した①と②の地図の中から，具体例を1つずつ選ばせて，①の地図について，「正確な点と不正確な点，工夫」を，②の地図については，「正確であることの意義や意味」をワークシートにまとめさせました。こうした考察結果についてもタイミングをみて，複数の生徒を指名して答えさせ，全体共有をはかりました。

## つまずき②　作図の指示が曖昧

　授業後半では，「地域の特色や地域課題を客観的かつわかりやすく考察する道具」として統計地図が，具体的にどのような作図上の工夫をしているのか生徒に学習させることを最も重要な目的としました。つまり階級区分図の作図体験を通して，「統計地図が，客観性やわかりやすさを担保するため，表現方法に工夫があること」に気づかせることを，ねらいとしました。しかしその肝心の作図作業に入る前に教員が出す指示が，「数値の偏りがはっきりするように境界値や凡例のパターン・配色を決めよう」といった曖昧なものだったら，多くの生徒は，境界値や凡例を主観で設定してしまい，統計地図の作図に客観性やわかりやすさを担保するための工夫があることに気づくことができなくなります。

　統計地図はもともと，地域特色や課題を客観的にわかりやすく把握するためのものです。まず，その客観性を担保するため背景図には，距離，方位などが正確に描画された正積図が使われます。また統計地図で扱う数値にも，絶対値の数値量・流動量や，相対値の密度，割合など

性質の異なる様々なものがあります。地図からの読み取りに誤解を与えないように，数値の性質に応じて，ドットマップ，図形表現図，階級区分図，等値線図，流線図などから適切な表現方法を選択する必要があります。さらに個々の表現方法の中でも，地図を客観的にわかりやすいものにするための様々なルールがあります。

　授業で取りあげた階級区分図の場合にも，境界値設定では等間隔，等量分類，標準偏差など，数値の偏りを客観的に示す手法がいくつかあります。ただし今回のように紙ベースで作図させる場合は，生徒にも理解しやすい手法がよいと考えるため，私が行った授業実践では「等量分類」を採用しました。つまり境界値の設定場面で生徒には，「個々の階級ごとの行政単位の数がほぼ同じになるような境界値設定をするように」といった指示を出しました。また凡例のパターンや配色の設定については，地図をわかりやすくするために，「数値の大きいものほど濃い色のパターン，小さいものほど薄い色のパターンにしよう」という指示を出しました。

## (4) 授業のブラッシュ・アップ

　今回の授業では地図画像を扱った作業を軸としていますが，地図を画像イメージのまま扱えるオンラインツールを使うことで，授業もより円滑に進められるのではと思います。具体的には，Googleの「Jamboard」や，学習支援アプリ「ロイロノート・スクール」を使った方法が有効だと思います。例えばロイロノート・スクールを使って「身の回りの地図」を収集させる場合，中央に小さな楕円があるだけの「ウェビング」というブレインストーミング用のシンキングツールを使うとよいと思います。生徒には楕円に「身の回りの地図」と記したテキストを貼らせ，その周りに「5個以上」などの目安を与えて，インターネットで検索させた地図画像を貼らせるだけです。その後の地図の仕分も，シンキングツール上で地図を動かして，同じカテゴリーでまとめさせると短時間で完了します。また授業で，「鉄道路線図」の，正確な点，不正確な点，工夫をまとめさせる時などは，それらの3観点を記した「PMIシート」というシンキングツールに，自分の考察結果をまとめたテキストカードを貼らせるだけです。「ハザードマップ」が正確であることの意義をまとめさせる時などは「テキストカード」に書かせる

だけです。さらにワークシートの中に作図させた階級区分図なども，それをカメラ機能で撮影させ写真画像を「提出箱」に提出させれば，生徒の作業の進捗を確認することができます。

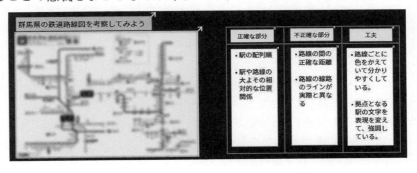

（田中　隆志）

# CASE 2

**地理総合** 地図と GIS の活用：地理情報システム

## GIS でどんなことができるのか

1年 　　14時間

## (1)　授業のねらい

・地理院地図により情報を収集し，読み取り，まとめる基礎的・基本的な技能を身につける。

・地理院地図によって，今後，学校周辺の地域について調べたい地域特色や課題について構想しまとめる。

## (2)　学習指導案 （14／14時間）

（○…評定に用いる評価　●…学習改善につなげる評価）

| 生徒の学習活動 | 評価の観点 | | | 評価規準など |
|---|---|---|---|---|
| | 知 | 思 | 態 | |
| 【第14時】 | | | | |
| **課題1**　紙の地形図に対しての地理院地図の意義を考えよう。 | | | | |
| 1　紙の地形図に対し地理院地図が，マルチスケールで地域が見られ，迅速に情報が更新されるなどの長所を持つことについて，社会生活や防災面の意義を考える | | | | ・記述例：地域を大観したり，詳細に見たり視点を変えて捉えることができる。実際の経路確認や避難路確認に安心して利用できる。 |
| **課題2**　地理院地図を使って学校周辺の環境について情報を収集しよう。 | | | | |
| 2　地理院地図で学校周辺，通学路の環境などについて情報を収集する<br>・地図の中央に学校を表示させ，周辺の目立つ3か所程の地物の位置を使った説明文をワークシートにまとめる。<br>・「ツール」の計測で，自宅から学校までの通学路を計測し，結果をワークシートに書き込む（通学路を作図させる）。<br>・標準地図，色別標高図などの背景図や「ツール」の3Dを使い，学校のある自治体の大まかな地形起伏の特徴を読み取る。また陰影起伏図で，学校周辺地域の | | | | ○地理院地図で学校周辺，通学路の環境情報を適切に収集している。<br>・記述例：学校は藤岡 PA の南東，上越新幹線と JR 八高線が交差する地点の南西にある。<br>・記述例：通学路の距離は2.7km である。<br><br>・記述例：周辺には等高線がなく，北に河川が流れていることから，学校は河川沿いの低平地にあるといえる。<br>・記述例：市は西高東低の地形特色。 |

| 生徒の学習活動 | 評価の観点 | | | 評価規準など |
|---|---|---|---|---|
| | 知 | 思 | 態 | |
| 微地形を読み取り，結果をワークシートにまとめる。<br>・「土地の成り立ち・土地利用」の所にある「地形分類」で，学校周辺の小地形と地形履歴を確認し，まとめる。<br>・「年代別の写真」の所で，新旧空中写真を並列表示して，そこから学校周辺の土地利用の変化を読み取り，まとめる。 | | | | ・記述例：北の川沿いが微高地で自然堤防。また西に前方後円墳がある。<br>・記述例：学校は氾濫平野，北の住宅密集地は自然堤防，一部が旧河道，南の住宅密集地は台地の上にある。<br>・記述例：かつて田の広がっていた所に，学校が建てられた。また周辺の道路は直線的なものが増え，新幹線の線路や高速道路が建設された。さらに南北の住宅地が拡大した。 |

**課題3　今後，地理院地図を使ってどんなことをやりたいかを考える。**

| 3　地理院地図によって今後，学校周辺の地域についてどのような地域特色や課題を調べたいか構想し，まとめる<br>【指導上の留意点】<br>　地理院地図の読み取りでは，読み取らせる「位置」と「範囲」を明確にし，様々な情報を読み取らせるように留意する。 | | | ○ | ○地理院地図によって今後，学校周辺の地域についてどのような地域特色や課題を調べたいか構想し，まとめている。<br>・記述例：地図記号を使って，地域の荒れ地が多い地域を調べる。<br>・記述例：作図機能を使って，通学路に沿ってバリアフリー対策が取られているポイントを書き込み，バリアフリーマップ |

## (3) 授業の展開と2つの「つまずき」

### つまずき① 地理院地図で教える基礎的・基本的な技能とは

　地理総合では，地理院地図の活用技能は，この後の学習でも用いる GIS の汎用的な技能として扱われています。しかし地理院地図自体は多機能であり，そこから学べる技能も様々です。したがって実際にこうした授業で地理院地図を取りあげる際には，「何を基礎的・基本的な技能として教えていけばよいのか」迷う先生方が多いと考えます。

### つまずきへの対応

　私は，「基礎的・基本的な技能」については，後の生活圏の防災や諸課題の考察場面での地理院地図の活用を想定し，以下のようなものに精選するとよいと考えます。また自分の学校の周辺地域や生活圏の地域性考察に使えそうな機能があればそれらも扱うとよいと考えます。

①特定の地物（学校など）を，住所情報などから地理院地図の表示範囲やスケールレベルを変えながら同定して見つけ，最後にその位置を説明する技能。

②任意の地物間の距離を計測する技能（地理院地図ではスケールが表示されず，この機能でなければ正確な距離が把握できないため）。

③等高線が表示されるスケールレベルにした上で，等高線を読み取り，特定の地物（学校など）周辺の大まかな地形特色を読み取って，まとめる技能。

④色別標高図や「ツール」の３D機能で，より広範囲の地域の大まかな地形起伏を読み取り，まとめる技能。

⑤陰影起伏図で，特定の地物（学校など）周辺の微細な地形特色を読み取り，まとめる技能。

⑥地理院地図「土地の成り立ち・土地利用」の所にある「地形分類」で，特定の地物（学校など）周辺の小地形と地形履歴，自然災害リスクなどを確認し，まとめる技能。

⑦「年代別の写真」の所で，新旧空中写真を並列表示して，そこから学校周辺の土地利用の変化を読み取り，まとめる技能。

地形分類による小地形の確認

新旧空中写真の並列表示

　さらにそれぞれの学校や生徒の実態によっては，通学路などを「作図機能」により線で描画させることなども考えられます。

### つまずき②　「位置と範囲」を意識して読図させるにはどうすればよいのか

　授業で生徒に，地理院地図を使った読図をさせる場合，教員が生徒に「位置と範囲」「対象」などを明確に示さないと，生徒は適切な読図ができなくなります。例えば教師が，「学校周辺の地形を陰影起伏図でみよう」と曖昧に指示を出した時には，生徒は地図画面をどの範囲に設定していけばよいのか迷うのではないかと思います。そして，なによりも生徒に「位置と範囲を意識した読図」という読図の基本を学習させることができません。

　私はこうした授業の時には，生徒に，作業内容と読図結果の記入欄を入れたワークシートを
あらかじめ配布します。それには，生徒が作業全体の見通しを立てられるようにとの意図があ
ります。シートには，生徒がどこの何を読み取ればいいのかわかるように，読み取る対象（田
畑や道路，実際に使用している通学路など），位置と範囲（学校の周囲，等高線が表示できる
ズームレベルで学校を中心とした範囲など）も具体的に示しておきます。

　さらに地理院地図を生徒に実際に操作させる際には，生徒が常に，私が地理院地図を操作し
ている様子をプロジェクターでリアルタイムに見られるようにしています。そしてその中で考
察する「位置や範囲と，読み取る対象」「レイヤーの切り替え」を具体的に示しながら，生徒
をブリーフィングしています。例えば，そこでは「まず標準地図を表示したままで，等高線が
表示されるスケールレベルまで拡大して学校を表示させよう。そして陰影起伏図のレイヤーを
表示させ，そして学校北側を東西に流れる河川沿いを観察してみよう」といった指示を出して
います。

## (4)　授業のブラッシュ・アップ

　生徒が，地理院地図を操作して，適切な「位置と範囲」「レイヤー表示」「対象」についてし
っかり読図できているのか，生徒の作業の進捗確認がどのようになっているのかは，PC教室
であれば，管理ツールで教師が容易に全生徒のPC画面を閲覧することができます。しかし生
徒1人1台端末の環境では，机間指導で直接確認するか，後日，作業のまとめを書き込んだワ
ークシートを生徒から回収して確認するしかないと考える先生方が多いと思います。

　しかしここでは，学習支援アプリ「ロイロノート・スクール」の使用などが有効です。私は，
今回のような授業を実施した時には，ロイロノート・スクールを活用しました。特に生徒に読
図させたい「位置と範囲」「レイヤー」を生徒が正しく理解できているのか，不確かな場面で
は必ず，生徒に自分が見ている画面のスクリーンショットを「提出箱」に提出させて，確認さ
せています。また，例えば新旧の空中写真を並列させた時の土地利用変化の考察などでは，
「テキストカード」に「道路，市街地，田畑がどのように変化したのか」を書かせて，「提出
箱」に出させ，提出された個々の生徒の成果物をプロジェクター表示する中で共有しています。
またこの授業の最後には，「くまでチャート」というシンキングツールの中に，生徒が読み取
り結果をまとめてきた複数の「テキストカード」を整理して貼らせました。個々の生徒には，
最終的にそれを概観させて「地理院地図を使うことで，どのようなことが読み取れたか」とい
った振り返りをさせました。

（田中　隆志）

# 3

地理総合  生活文化の多様性と国際理解

## 主食や食べ方の背景を考えて自他の文化を尊重する

7時間

## (1)　授業のねらい

・世界の主食と食べ方の分布を読み取り，その背景を捉えることができる。

・自他の食べ方の違いの背景を考え，それぞれのよさを表現できる。

・食べ方の背景をもとに自他の文化を尊重しようとする。

## (2)　学習指導案 (1～2／7時間)

（○…評定に用いる評価　●…学習改善につなげる評価）

| 生徒の学習活動 | 評価の観点 | | | 評価規準など |
|---|---|---|---|---|
| | 知 | 思 | 態 | |
| 【第1時】<br>1　世界の主食<br>・世界の各地で米，小麦，トウモロコシ，イモ類などを主な食べ物 (主食) としている地域を図から読み取り，それらの地域の自然環境を確認する。<br>【指導上の留意点】<br>　主な食べ物の分布は，地域の自然環境ばかりでなく，栽培起源地からの伝播や輸出入などが関係していることを確認する。 | ● | | | ●図から世界の主な食べ物 (主食) の分布を読み取り，米はアジアに集中していることや，小麦が日本よりも寒冷な地域や乾燥した地域など，世界全体に広がっていることを捉えている。<br>図：世界の主食の分布 |
| 課題1　主食が同じ地域ではその調理法や食べ方は同じだろうか。 | | | | |
| 2　主食の調理法と食べ方<br>・米，小麦，トウモロコシ，イモ類などの代表的な調理法や食べ方をグループで担当して調べ，主食とそれらの様々な調理法と食べ方をまとめてクラス全体に発表する。<br>【指導上の留意点】<br>　世界の食べ方（手食，箸食，ナイフ・フォーク食）の分布を世界の主食の分布と比較させ，同じ主食でも食べ方が異なる地域があることを押さえて，調査させる。 | ○ | | | ○日本の主食である米は，そのまま炊いたり蒸したりして箸で食べるが，手で食べる地域や，麺に加工して箸で食べる地域があるなど，主食は同じであるが，その調理法や食べ方は多様であることを捉えている。<br>図：世界の食べ方の分布 |

| 生徒の学習活動 | 評価の観点 | | | 評価規準など |
|---|---|---|---|---|
| | 知 | 思 | 態 | |
| 【第2時】 | | | | |
| **課題2　なぜインドでは米を手で食べているのだろうか。** | | | | |
| 3　インドの手食と日本の箸食<br>・日本では米を箸で食べているが，インドでは米を手で食べていることの背景を考え，グループで話し合う。<br>【指導上の留意点】<br>　もともと人類は手食であったが，箸食，ナイフ・フォーク食の順に主食の調理法と関わる食べ方が登場し，現在でもそれぞれが世界各地で残っていることを押さえる。 | | ○ | | ○日本とインドの自然環境や手に対する考え方の違いと関連づけながら考察し，手食と箸食が現在でもそれぞれの地域で継承されていることを意識して表現できている。<br>図：世界の食べ方の分布 |
| 4　手食と箸食の吟味<br>・米を食べる場合，手食と箸食のそれぞれの食べ方のよさについてグループで考えた上で，クラス全体で話し合う。<br>【指導上の留意点】<br>　手が不浄であるか，浄であるかという価値観の違いや食物を手触りで口に運んで食事を楽しむという考え方があることを確認して，判断させる。 | | ● | | ●米には炊いたり蒸したりした時にネバネバしたものとパサパサしたものがあること，手に対する浄・不浄の考え方が違うこと，独特の食事の楽しみ方があることなどから，食べ方を含めた食文化には優劣はないという文化相対主義を意識して，考えを表現できている。 |
| 5　多様な食文化と自分との関わり<br>・様々な食文化を有する人々が集まる時に，食事でどのようなことに気をつけていくかを考え，ワークシートに書く。 | | ○ | | ○多国籍レストランの取り組みなどを参考に，食事の配慮など，自他の文化を尊重する表現ができている。<br>写真：多国籍レストラン |

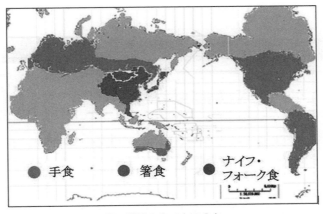

図　世界の食べ方の分布

## (3) 授業の展開と２つの「つまずき」

### つまずき①　食べ物により，食べ方が変わることが意識できない

　１時間目の主食の調理法と食べ方の学習において，地域の手食，箸食，ナイフ・フォーク食という食べ方が地域で固定化していると考える生徒が一定数いることが予想されます。それぞれの地域の主食に関わる調理法と食べ方については，長年地域で培われてきた食文化の継承により，短期的にはほとんど変わることがありません。また，これらが主食に対する代表的な調理法や食べ方であることを意識する必要があります。

　主食は，該当する地域における「エネルギー源となる主な食べ物」のことをさし，人々は主食以外の食べ物も食べています。また，食のグローバル化も進んでおり，特定の食べ物については，世界全体で調理法や食べ方が画一化する傾向も見られます。このように食べ物により，食べ方が変わることを意識する必要があります。

### つまずきへの対応 ★

　１時間目の主食の調理法と食べ方の調査の発表の後で，手食，箸食，ナイフ・フォーク食の地域において，空間的相互依存作用という他地域との関わりから主食以外の食べ方についても着目させていきたいです。まず，生徒の日常生活を思い出させて，日本でもステーキやパスタを食べる時は箸ではなく，マナーの一環としてナイフ・フォークを使うこと，おにぎりやサンドイッチやハンバーガーを食べる時には手で食べていることを思い出させます。次に，箸食文化圏以外の手食文化圏やナイフ・フォーク食文化圏の地域においても，箸を使って食べる事例を紹介します。例えば，欧米諸国では，食のグローバル化により日本食が人気となっていますが，寿司や天ぷらなどを食べる場合は箸を使ったり手で食べたりします。

　世界各国に展開するファストフード店や日本食のチェーン店などでは，それぞれに取り扱う食べ物の食べ方が存在します。これらから日本と外国の食文化が混在していることが実感できます。

### つまずき②　自国の価値観に固執して異文化の尊重につながらない

> **課題２**　なぜインドでは米を手で食べているのだろうか。

　２時間目の手食と箸食の背景を考える際やそれぞれの文化を吟味する際に，日本の箸食の方が手食よりも清潔であるという自国の価値観に固執して，それぞれの食べ方のよさについて考えることが難しい生徒が出てくると考えます。そもそも，手食自体を，箸食よりも文化的に劣っていると考えてしまう生徒もいるかもしれません。このため，「手で食べること」に焦点をあてた補足説明が必要になると考えます。

「手で食べることが清潔であるか」については，日本では，手を洗っても汚れているから手と接触しないように箸を使っているイメージが強いです。インドでは，宗教上，食べ物を口に運ぶ手は浄の手を使うと決められており，きれいに洗った手は清潔であり，箸の方が様々なものが付着していて不潔であるという日本とは逆の価値観があります。また，「手触りを楽しんで食べる」ことなど，日本の食文化の価値観にはありませんが，違った形の価値観を取りあげることで多様な価値観を考えることができます。例えば，うどんやそばを食べる場合に音を立てて食べることもそうです。これは，「喉ごしを楽しむ」という価値観から日本では許される行動様式ですが，他国の「行儀よく静かに食べる」という価値観からはマナー違反になります。

自国では当たり前と思っている食文化の価値観について，他国ではどう考えているのか，自国では見られない食文化の行動様式について，自国では当たり前に行われている食文化の行動様式と対照させることで，他国の立場に立つことができます。自然環境と関わる米の種類を事例にして「日本の米は粘り気があり手にくっつきやすいので箸を使う必要があるが，インドの米はパサパサしてつまみにくいので手で食べるのが合理的」であることについて，授業であわせて取りあげれば，異文化尊重につながりやすいと考えます。

## ⑷ 授業のブラッシュ・アップ

学習指導要領の中項目「文化の多様性と国際理解」は，グローバルな視点から生活文化を取りあげ，持続可能な社会づくりを考えるような地理 ESD 授業となることが期待されています。思考力，判断力，表現力等では，「……自然及び社会条件との関わりなどに着目して，主題を設定し，多様性や変容の要因などを多面的・多角的に考察し，表現すること」と多様な生活文化の背景の考察までが示されています。ESD の目標である行動の変革として，まず異文化を尊重することが目指されます。生活文化の背景を捉えた上で，自国の文化と対照させて，その国・地域では合理的な文化であることを意識させる手立てが必要です。発展学習として，食文化による文化摩擦を取りあげて，それらが起こらないような配慮を考えることで多文化共生にもつながります。

ユネスコが2004年に提示した国連 ESD の10年の国際実施計画フレームワークにおいて，社会・文化領域の重点目標として「文化の多様性と異文化理解」が位置づけられています。2015年に国連で採択された持続可能な開発目標（SDGs）の「4　質の高い教育をみんなに」の中で，文化の多様性と文化の持続可能な開発への貢献を理解する学習の必要性が示されています。

生活文化が「衣食住を中心とする世界の人々の暮らしやそこから生み出される慣習や規範，宗教などの主に生活様式」であることを肝に銘じて，異文化理解を深めていきたいです。

（永田　成文）

## CASE

# 4

**地理総合** 📖 生活文化の多様性と国際理解

## ムスリムの行動様式と自己の価値観を照らし合わせる

1年

7時間

## (1) 授業のねらい

・クルアーンの教えに規定されるムスリムの行動様式を捉えることができる。

・ムスリムの行動様式の背景を，根拠に基づいて考え，表現できる。

・異文化の尊重からムスリムとの共生を考えようとする。

## (2) 学習指導案（1～2／7時間）

（○…評定に用いる評価　●…学習改善につなげる評価）

| 生徒の学習活動 | 評価の観点 | | | 評価規準など |
|---|---|---|---|---|
| | 知 | 思 | 態 | |
| 【第1時】<br>1　ムスリムの行動様式<br>・イスラームが信仰されている地域を再確認し，ムスリム（イスラム教徒）の行動様式を教科書や書籍等の資料から読み取って，その特色をまとめる。<br>【指導上の留意点】<br>　イスラームの起源は自然環境の厳しい西アジアであるが，交易などで伝播して東南アジアにも広がっていることを確認する。 | ● | | | ●資料からムスリムの行動様式を読み取り，信仰の告白・礼拝・喜捨・断食・巡礼の五行や豚は食べてはいけないなどの慣習は，教典であるクルアーンの教えに規定されるものが多いことを捉えている。<br>資料：ムスリムの五行<br>資料：クルアーンの教え |
| 課題1　イスラームの生活文化の中で異質と思うものがあるか。 | | | | |
| 2　自国とイスラームの生活文化の比較<br>・宗教の影響が弱いとされる日本の生活文化と厳格にクルアーンの教えを守っているサウジアラビアの生活文化を比較して，異質だと思うものを取りあげて，グループで話し合い，クラス全体に発表する。<br>【指導上の留意点】<br>　日本の価値観からは許せないと感じる（文化摩擦が生じる）イスラームの生活文化に着目させ，個々が最も気になる生活文化をあげさせる。 | | ● | | ●ムスリムの生活文化が自然環境やクルアーンの教えに基づいていることと関連づけ，日本の価値観から文化摩擦が生じる生活文化を判断し，表現できている。<br>写真：ハラール食品<br>写真：ムスリムの女性の衣服<br>写真：サウジアラビアの町の様子 |

| 生徒の学習活動 | 評価の観点 | | | 評価規準など |
|---|---|---|---|---|
| | 知 | 思 | 態 | |
| 【第2時】<br>3　女性の外出時の服装<br>・サウジアラビアなどの厳格なイスラームの国々・地域で見られる黒いアバヤやヒジャブなどの女性が外出する時の服装について，異質と感じる理由を考え，グループで共有する。<br>【指導上の留意点】<br>　衣服を含めたムスリムの行動様式は，地域によりその厳格性が異なるとともに世代によっても異なることを押さえる。 | ○ | | | ○日本や世界の男女平等の価値観をもとに考えると，サウジアラビアなどの厳格なムスリムの行動様式の一つである女性の外出時の服装に対して，文化摩擦が生じることを理解している。<br>写真：ムスリムの女性の衣服<br>図：地域による女性の衣服の違い |
| 課題2　なぜ厳格なムスリムの女性は人前で肌を見せないのだろうか。 | | | | |
| 4　体を隠す服装を着る背景<br>・厳格なムスリムの女性は，なぜ人前で肌を見せない服装を着ているのかについて調べ，自分の考えをワークシートに書き，クラス全体で話し合う。<br>【指導上の留意点】<br>　イスラームがムスリムの行動様式を規定していることを前提とした価値観や信仰されている場所にも着目させる。 | | ○ | | ○クルアーンの教えで，女性の慎ましさの証を見せることや，厳しい自然の中での争いごとによる略奪から女性を守るという歴史的経緯や，日差しやほこりを防ぐという自然環境に関わることなどと関連付けて，自分の考えを表現できている。 |
| 5　ムスリムと自分との関わり<br>・ムスリムと一緒に生活する際に，異質な行動様式に社会や自分はどのように対応すべきかを考え，ワークシートに書く。 | | | ○ | ○公共施設における礼拝室の設置などを参考に，ムスリムの行動様式への配慮など，共生につながる表現ができている。<br>写真：国際空港の礼拝室 |

写真　ムスリムの女性の衣服（タイ：スワンナプーム国際空港）

## (3) 授業の展開と２つの「つまずき」

　１時間目の「イスラームの生活文化の中で異質と思うものがあるか」，２時間目の「なぜ厳格なムスリムの女性は人前で肌を見せないのだろうか」の問いについて，宗教との関わりから生徒に因果関係を考えさせるためには，教員が目に見える衣食住などの表層文化ばかりでなく，目に見えない深層文化である人々の考え方（価値観）にも着目する必要があります。

　文化人類学では，文化を「後天的に獲得され，集団成員によって分有され，世代を通して継承されていくような行動様式と価値観」と定義しています。これは上位文化である価値観が下位文化である行動様式を規定しているという構造を意識しています。教員は，文化には構造があり，宗教はこの文化構造の中でどこに位置づくのかを理解しておきたいです。

### つまずきへの対応

　右の図は文化構造と自然環境との関係を示したものです。衣食住などの物質文化と習慣（慣習）などの行動文化が行動様式，宗教の価値などの精神文化が価値観にあてはまり，価値観は人々の行動様式を規定しています。一般文化の土台となる民族文化は社会環境であり，この中にも宗教が位置づきます。一般文化と社会環境は自然環境から影響を受けています。

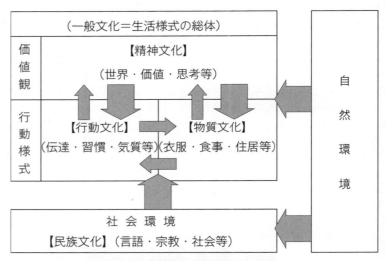

図　文化構造と自然環境との関係

　このような文化構造と，宗教が価値観にも社会環境にも位置づいていることを教員が理解していれば，ムスリムの行動様式について生徒のより深い追究を促すことが可能になります。

> **課題２**　なぜ厳格なムスリムの女性は人前で肌を見せないのだろうか。

　２時間目の女性の外出時の服装について，特に許せない異質な文化であると感じたり，女性の体を隠す服装の背景として教典であるクルアーンの教えからのみ捉えようとする生徒が出て

くると考えます。これは，日本国憲法第14条には国民の法の下での平等と性別による差別の禁止が定められ，1985年に発効した国連の女子差別撤廃条約が男女平等を掲げていることから，日本の生徒にとって男女平等は当たり前であり，その価値観からは，男は女よりも優位にあるというクルアーンの教えは受け入れがたいことになるからです。

　厳格なムスリムが多いサウジアラビアにおいても外で働く女性が増え，女性に車の運転が解禁されるなどイスラーム社会は徐々に変化しています。このような多様な価値観が認められるようになる中で，ムスリムの教えをなぜ守り続けているのかを考える必要があります。

## つまずきへの対応

　「女性が人前で肌を見せないための服装を着用する」については，上位文化であるクルアーンの教えを守る側面ばかりでなく，教えを守っている女性の想いにも触れる必要があります。ムスリムの女性は，女性は大切にされるべき存在であるという想いと女性としての自分を大切にしたいという想いがあり，人前では美しい部分を包み込もうとしています。一方で，ムスリムの女性は家の中や女性同士の空間ではきらびやかな格好をしておしゃれを楽しんでいます。肌を見せない服を着用すれば，女性が社会進出しやすいというメリットもあります。

　近年，ムスリムのスカーフであるヒジャブのファッション性が高まり，着用が流行している地域があります。また，写真の中央の二人は黒のアバヤとヒジャブを着用していますが，写真の右側の女性の衣服は白です。クルアーンの教えを守りつつ，表現を楽しんでいます。

## (4)　授業のブラッシュ・アップ

　ユネスコが2004年に提示した国連ESDの10年の国際実施計画フレームワークにおいて，社会・文化領域の重点目標として「文化の多様性と異文化理解」とともに「男女平等」が位置づけられています。2015年に国連で採択された持続可能な開発目標（SDGs）の「5　ジェンダー平等を実現しよう」の中で，あらゆる場所における全ての女性及び女児に対するあらゆる形態の差別を撤廃することが示されています。

　上位文化である価値観となる宗教の教えが，下位文化となる人々の行動様式を規定していることを意識し，ムスリム女性の衣服の着用については，「男女平等」という価値観のみからその受容について判断するのではなく，当事者が差別と感じているのか，どのような思いを持っているのかにも視点を向けて判断することが求められます。

　異文化理解を深めるような地理ESD授業では，行動様式と価値観の文化構造を意識し，行動様式の背景としての宗教などの価値観や人々の思いを捉えることで，異文化を尊重する意識を高め，異文化への配慮を考えることで多文化共生の態度を養いたいです。

（永田　成文）

CASE

# 5

1年

地理総合  地球的課題：地球環境問題

## 地球温暖化の解決に向けた国際協力の吟味

4時間

## （1） 授業のねらい

- ・地球温暖化の要因と解決の方向性としての国際協力を捉えることができる。
- ・地球温暖化の解決に向けた国際協力の有効性を判断し，表現できる。
- ・地球温暖化の解決に向けて，行動の変革を意識している。

## （2） 学習指導案（1～2／4時間）

（○…評定に用いる評価　●…学習改善につなげる評価）

| 生徒の学習活動 | 評価の観点 | | | 評価規準など |
|---|---|---|---|---|
| | 知 | 思 | 態 | |
| 【第1時】<br>1　地球温暖化の現状<br>・ここ100年間の世界と日本の気温上昇を予想し，図で確認する。また，地球温暖化がつづくことでどのような問題が起こるのかを図で確認する。<br>【指導上の留意点】<br>　世界全体で均一に気温が上昇していないことや地域により，切実になる問題が異なることを確認する。 | ● | | | ●図から世界と日本の気温変化を読み取り，1900年から2000年にかけて，世界は約0.7℃，日本は約1.2℃上昇したこと，海面上昇や食料生産の変化などの問題が発生していることを捉えている。<br>図：世界と日本の気温の変化<br>図：地球温暖化の影響 |
| 課題1　地球温暖化が続いている要因を考えよう。 | | | | |
| 2　地球温暖化の要因<br>・地球温暖化の要因を個々で考え，各要因がそれぞれどのような関係になっているのかをグループで話し合う。話し合ったことを参考に地球温暖化の因果関係の構造図を個々で書く。<br>【指導上の留意点】<br>　$CO_2$などの温室効果ガスが増えたことに起因する地球温暖化のメカニズムを確認し，地球温暖化の要因が原因と結果の関係の構造となっていることに着目させる。 | | ○ | | ○地球温暖化の要因について，大枠の原因と結果を捉えた上で，原因の部分について時間軸や他の地球的課題と関連付けながら考察し，原因と結果の関係を意識して構造図を表現できている。<br>図：地球温暖化のメカニズム<br>図：地球温暖化の因果関係の構造例 |

| 生徒の学習活動 | 評価の観点 知 | 思 | 態 | 評価規準など |
|---|:---:|:---:|:---:|---|
| 【第2時】<br>3　地球温暖化の解決の方向性<br>・地球温暖化問題の解決に向けた国際的な取り決めである京都議定書（1997年）とパリ協定（2015年）について調べる。<br>【指導上の留意点】<br>　目標，期間，対象国と義務，支援，国際取引等を表にまとめさせ，共通点と相違点から，京都議定書では先進国の環境保全と発展途上国の経済発展の価値観が対立していたことを押さえる。 | ○ | | | ○どちらも温室効果ガス排出を世界全体で少なくする取り組みであるが，京都議定書（1997年）は先進国の義務と責任を示し，パリ協定（2015年）は各国が自主的に目標を設定する国際協力であることを捉えている。<br>表：京都議定書とパリ協定の取り決め内容 |

> **課題2**　パリ協定は地球温暖化対策として有効であるかを考えよう。

| 生徒の学習活動 | 知 | 思 | 態 | 評価規準など |
|---|:---:|:---:|:---:|---|
| 4　国際協力の吟味<br>・パリ協定は$CO_2$を中心とする温室効果ガスの削減につながるかをグループで考えた上で，クラス全体で話し合う。<br>【指導上の留意点】<br>　先進国も発展途上国も含めた世界各国が努力目標を設定するが，拘束力がないことを再度確認して，効果を判断させる。 | | ● | | ●パリ協定では，産業革命前からの気温上昇を2℃未満（可能であれば1.5℃未満）に抑えることや主要排出国を含む全ての国が削減目標を提出・更新できることから，その効果を吟味し，考えを表現できている。 |
| 5　各国の取り組みと自分との関わり<br>・日本ではどれくらいの削減目標が必要であるかを考え，地球市民として，地域でどのような行動ができるのかを考える。 | | | ○ | ○国家の削減目標を到達するための地域での個々の取り組みを考え，自分事として表現できている。<br>図：世界各国の$CO_2$排出量 |

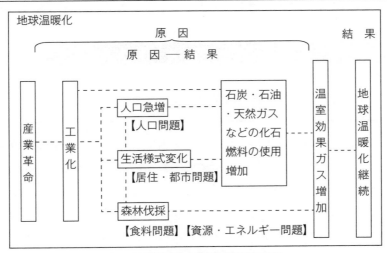

図　地球温暖化の因果関係の構造例

## (3) 授業の展開と2つの「つまずき」

### つまずき① 地球温暖化の現象はわかるが，その重大性が意識できない

　1時間目の地球温暖化の現状の学習で，生徒は地球温暖化を地球規模の問題として捉え，その影響の現れ方は地域で異なってくることを確認することができます。また，この100年間に徐々に温暖化のペースが速くなっていること，2時間目の地球温暖化の解決の方向性の学習で，気温を元に戻すのではなく，これ以上の上昇を食い止める必要があることを資料から読み取ることができます。しかし，気温が1℃上昇する意味や，国際的な取り組みとして産業革命前から2℃（可能であれば1.5℃）上昇で抑える意味が実感しにくいと考えられます。

　このことは，持続可能な開発のための教育（ESD）の目標である行動の変革を促すことにつながる地球温暖化対策について，自分事として身近な地域における取り組みを考えることにも関わってきます。

### つまずきへの対応

　1時間目の地球温暖化の現状の学習において，実生活との関わりを実感させるために，気温が1℃上昇すれば，どのくらい海面が上昇するのか，豪雨や干ばつといった異常気象による災害が発生する頻度はどうなるのか，陸上や海洋での食料生産にどのくらいの影響が出てくるのかを予想させたり，調べさせることが考えられます。2時間目の地球温暖化の解決の方向性の学習では，パリ協定が産業革命前から気温上昇をできれば1.5℃に抑えることを提唱していることから，0.5℃を抑制する効果と0.5℃を抑制する難しさを押さえていきたいです。

　気温が1℃上昇すると20cm海面が上昇するというデータがあります。20cmの上昇がツバルなどの珊瑚礁の島々や身近な地域においてどのような影響を及ぼすのかを調べていきたいです。Flood Maps などの WebGIS を使い，海面上昇により，どのくらいの土地が浸水するのかをシミュレーション体験することで，気温上昇を抑えることの意義を実感できると考えます。

### つまずき② 具体的な国々をイメージした国際協力を吟味できない

> **課題2** パリ協定は地球温暖化対策として有効であるかを考えよう。

　2時間目の地球温暖化対策の国際協力のあり方の有効性について，生徒達はグループで考えた上で，クラス全体で話し合います。ここで着目されるのは，パリ協定は京都議定書よりも対策として有効であるかです。京都議定書では，先進国の環境保全の価値観と発展途上国の経済発展の価値観が対立していたため，先進国にのみ削減目標の義務を課して，発展途上国に対しては数値目標などの新たな義務は導入されませんでした。また，先進国の中には厳しい削減目標の設定や発展途上国との取り組みの不公平感から，脱退する国も見られました。

パリ協定では，先進国も発展途上国も自主的に削減目標を設定することになっていますが，目標達成の義務はありません。問いにより，世界全体で国際協力していこうという自主的な取り組みの有効性を検討することはできます。しかし，先進国と発展途上国などの国群を意識しないまま有効性を検討したり，産業革命から温度上昇を2℃未満に抑えるためにそれぞれの国々でどのくらいの目標設定をすればよいのか，具体的な吟味が難しいと考えられます。

### つまずきへの対応

パリ協定では，削減目標を更新することができます。世界全体でのパリ協定の有効性を吟味するのではなく，例えば先進国，発展途上国，後発発展途上国の3つの国群に分け，それぞれの現状での人口や年間炭素排出量や累積炭素排出量や一人あたり炭素排出量や近未来の炭素排出量予測のデータを基に，それぞれの国群で炭素排出量をピークとする年や炭素排出量を減らし始める年や毎年何％排出量を減らしていくかを考えたいです。この活動はそれぞれの国群をグループに振り分けて追究させることも考えられます。

それぞれの国群で提案した年次ごとの削減目標において，C-LEARNなどのWebソフトを使い，どのくらい大気中の炭素の濃度を変化させることができるかを体験させることで，地球温暖化への有効性を実感できると考えます。

## (4)　授業のブラッシュ・アップ

学習指導要領の中項目「地球的課題と国際協力」は，グローバルな視点から地球的課題を取りあげ，持続可能な社会づくりを考えるような地理ESD授業となることが期待されています。思考力，判断力，表現力等では，「……持続可能な社会づくりなどに着目して，主題を設定し，現状や要因，解決の方向性などを多面的・多角的に考察し，表現すること」と解決の方向性の考察までが示されています。ESDの目標である行動の変革を目指すためには，国際協力のあり方を捉えることに留まるのではなく，発展学習として，国際協力のあり方の吟味を行い，これを踏まえた各国の取り組みや自分自身の取り組みを構想していく必要があると考えます。

ユネスコが2004年に提示した国連ESDの10年の国際実施計画フレームワークにおいて，環境領域の重点目標として「気候変動」が位置づけられています。また，2015年に国連で採択された持続可能な開発目標（SDGs）においても，「13　気候変動に具体的な対策を」が設定され，気候変動対策を国別の政策，戦略及び計画に盛り込むことが示されています。

地球温暖化を含む地球環境問題の地理ESD授業では，空間的相互依存作用や地域性と持続可能性の視点から，解決に向けた「Think globally, act locally」の考察・構想を行っていきたいです。

（永田　成文）

CASE

# 6

1年

地理総合　地球的課題：資源・エネルギー問題

## 再生可能エネルギーと新たな資源・エネルギーについて考える

3時間

## (1) 授業のねらい

・これまでの資源・エネルギーの活用の状況を理解する。

・新たな資源・エネルギーについて理解する。

　①最近利用が始まったレアメタル，再生可能エネルギー

　②新たなエネルギー（シェールガス，メタンハイドレートなど）

　③都市鉱山，リサイクルエネルギー

・資源・エネルギー問題に対して，どのような取り組みをしていけばよいかを考え，まとめる。

## (2) 学習指導案（2～3／3時間）

（○…評定に用いる評価　●…学習改善につなげる評価）

| 生徒の学習活動 | 評価の観点 | | | 評価規準など |
|---|---|---|---|---|
| | 知 | 思 | 態 | |
| 【第2時】<br>1　レアメタルについて，次の点に着目して学習する<br>①地域的偏在性が高いこと<br>②国内で備蓄を進めていること<br>【指導上の留意点】<br>　偏在性については，特に中国，南アフリカ，ロシアに産出が偏っていること，備蓄については，国で備蓄を進めている鉱種があることを中心に確認させる。 | ● | | | ●中国，南アフリカ，ロシアの3か国がレアメタルの生産上位国として頻出であること，国内で備蓄が進められている鉱種があることについて理解している。 |
| 2　再生可能エネルギーについて，次の点に着目して学習する<br>①風力，地熱の発電割合が高い国<br>②それらの国の地理的な共通点<br>【指導上の留意点】<br>　風力，地熱の発電割合が高い国について， | ● | | | ●風力発電の割合が高い国は偏西風が卓越している地域であること，地熱発電の割合が高い国はプレート境界上に位置していることを理解している。 |

| 生徒の学習活動 | 評価の観点 | | | 評価規準など |
|---|---|---|---|---|
| | 知 | 思 | 態 | |
| 統計書を利用して調べさせて，その共通点について考えさせる。 | | | | 【参考資料】風力／地熱発電割合が高い主な国 |

【参考資料】風力／地熱発電割合が高い主な国

| 風力（2019年） | % | 地熱（2017年） | % |
|---|---|---|---|
| デンマーク | 54.7 | ケニア | 45.5 |
| ポルトガル | 25.7 | アイスランド | 30.9 |
| ドイツ | 20.7 | ニュージーランド | 17.9 |

（「データブック　オブ・ザ・ワールド」により作成）

| 生徒の学習活動 | 知 | 思 | 態 | 評価規準など |
|---|---|---|---|---|
| 【第3時】<br>3　次の課題1について，グループで話し合い，発表する | | ○ | | ○取り出すことが難しい場所にあった（ある）資源であることに気づくことができる。 |

| 課題1　シェールガスとメタンハイドレートの共通点について考える。 |
|---|

| 生徒の学習活動 | 知 | 思 | 態 | 評価規準など |
|---|---|---|---|---|
| 【指導上の留意点】<br>　エネルギーそのものの性質ではなく，エネルギー資源の採掘場所に着目させる。 | | | | |
| 4　次の課題2について，グループで話し合い，発表する | | ○ | | ○資源やエネルギーのリサイクルの源が，無駄にされていたものであることに気づき，その可能性について考察し，表現している。 |

| 課題2　資源やエネルギーのリサイクルの本質と可能性について考える。 |
|---|

| 生徒の学習活動 | 知 | 思 | 態 | 評価規準など |
|---|---|---|---|---|
| 【指導上の留意点】<br>　資源のリサイクルについては，都市鉱山に触れ，普段使用している携帯電話を活用して理解させる。<br>　エネルギーのリサイクルについては，廃棄物発電（ゴミ発電）を例に出し，その本質に気づかせる。 | | | | ・例：都市鉱山，廃棄物発電<br>　　　　コ・ジェネレーションシステム<br>　　　　音力発電，振動力発電 |

## (3)　授業の展開と２つの「つまずき」

**つまずき①　数多くある中で，どの新しいエネルギーを扱って授業化すればよいだろうか**

　新しい資源やエネルギー，取り組みが数多くある中で，どれをどのように扱えばよいか，悩むことがあるでしょう。そこで，学習活動３では，シェールガスとメタンハイドレートの２種の「天然ガス」を取りあげます。まずは，アメリカ合衆国とロシアの２か国の天然ガス生産量の推移（資料①参照）から，近年，アメリカ合衆国の天然ガス生産量が増加傾向であるとわかり，それがシェール＝頁岩から採掘されたシェールガスによるものであることを確認します。

　また，日本の近海で埋蔵が確認されたメタンハイドレートの分布を調べ，今後，日本で多く産出・利用されることが期待できる資源であることを確認します。そして，なぜ，シェールガスは最近になって産出され，メタンハイドレートはこれからの産出が期待されているのか，という疑問点が浮上します。

　授業では，グループごとに，これらの資源の共通点について考えさせます。

　以下は，この時に各グループから出された意見です。

【資料①】
**天然ガスの生産量の推移**
(単位：億㎥)

| 年 | アメリカ | ロシア |
|---|---|---|
| 1980 | 5,535 | 4,439 |
| 1990 | 5,006 | 6,289 |
| 2000 | 5,443 | 5,728 |
| 2010 | 6,039 | 6,573 |
| 2018 | 7,604 | 6,490 |

(「世界の統計」により作成)

①ともに「天然ガス」である。
②ともに，従来型のガスではなく，新しい型のガスである。
③天然ガスの利用が盛んなアメリカ合衆国や日本で採掘された（採掘が可能な）ガスである。

　そして，授業では，これらの意見を基に，今後も新しいエネルギーを開発・利用していくことが大切であることを確認しましたが，特に「共通点」については，特記すべき内容に触れることができずに，授業は次の項目に移りました。

**つまずきへの対応**

　この内容を扱う際，必要なのは，「なぜ，この２つの資源について学習するか」を押さえることです。そうしなければ，単なる知識の詰め込みに依存してしまうことになります。そこで，なぜ「シェールガス」は最近になって利用されるようになってきたのか，なぜ「メタンハイドレート」は今後の利用が期待されるのか，という視点を持たせるとよいのではないでしょうか。そうすることで新たに，「④取り出しが難しい場所にあった（ある）資源であること」の共通点が見出せるでしょう。これと同じ視点では，技術の進歩により，これまで利用できなかった，地下1,000mより深いところからの温泉（非火山温泉）が，東京都内などで利用されるようになったことがあげられます。

　資源とエネルギーの両面から「リサイクル」について考えさせる際，どのような視点をもって授業を進めていくかということも難しいと考えられます。学習活動４では，「リサイクル」の本質と可能性に着目して，資源やエネルギーの「リサイクル」の実例を考えます。すると，①都市鉱山，②廃棄物発電，③コ・ジェネレーションシステム，などの例が示されるでしょう。そして，それらの本質と可能性についてグループで話し合います。

　以下は，この時に各グループから出された意見です。

---

①「都市鉱山」は，不要の電子製品から希少な金属を取り出して再利用する取り組みである。

②「廃棄物発電」は，ごみを焼却する際の熱を利用して発電を行う方法である。

③「コ・ジェネレーションシステム」は，既存のエネルギーを利用する際の廃熱を回収して，発電等に再利用するシステムである。

④それらが日常生活で不要になった，廃棄するものを利用しているという本質が見えた。

---

　そして，授業では，これらの意見を基に，不要になった資源や熱源を再利用することが確認できましたが，その可能性については深めることができずに，授業は終了しました。

### つまずきへの対応

　リサイクルエネルギーとは，生活の中から出る不要なエネルギーの源を回収して，新たなエネルギーに利用することです。従って，日常生活において，無駄に排出されるものについて考えさせるとよいと思われます。その一例として「音」「振動」があげられます。（株）音力発電では，生活の中で出る音や振動から発電を試みる取り組みを行っています。学校では，音楽の授業などで「音」が，体育の授業などで「振動」が発生します。それらを取り込み発電できれば，学校内での電力の「自給」が可能になります。このように，身近に発電の源となる事象があることに目を向けさせると，リサイクルエネルギーの可能性に気づかせることができます。

### (4)　授業のブラッシュ・アップ

　新たな資源・エネルギーにおいて，授業で扱うことができる話題としては，「都市鉱山」「海洋資源」など豊富にあり，それらの資源・エネルギーの有効性と応用性，類似性などについて，さらに考えさせることができます。その際，それらの資源・エネルギーはどのような点で有効なのか，それらの資源・エネルギーは他の分野に応用できるのか，それらの資源・エネルギーの共通点は何か，などについて，それらの資源・エネルギーがこれからの社会で期待できる，という立場で生徒に考えさせ，話し合わせる形式で授業を行うとよいでしょう。　（小平　宏之）

地理総合　　地球的課題：人口問題

# 世界および日本の人口の今後と新たな人口問題について考える

## （1）　授業のねらい

・これまでの世界の人口の推移と人口問題に対する捉え方を理解する。
・世界の人口の今後について考える。
　①人口急増地域の今後について
　②人口急増が収まった地域の今後について
　③人口停滞地域の今後について
・今後の日本の人口の動向とそれについての対策はどのようにしたらよいかを考え，まとめる。

## （2）　学習指導案（2時間）

（○…評定に用いる評価　●…学習改善につなげる評価）

| 生徒の学習活動 | 評価の観点 | | | 評価規準など |
|---|---|---|---|---|
| | 知 | 思 | 態 | |
| 【第1時】<br>1　世界および地域別の人口におけるこれまでの動向の概要を，統計書を利用して学習する<br>【指導上の留意点】<br>　アジアは人口の増加数，アフリカとヨーロッパは人口増加率に着目させる。 | ● | | | ●世界全体の人口の中で，<br>　①アジアの絶対数が多いこと<br>　②アフリカの増加率が特に高いこと<br>　③ヨーロッパはまもなく人口が減少すること<br>を理解している。 |
| 2　人口動態の転換とその3類型について学習する<br>【指導上の留意点】<br>　3つの類型が，出生率と死亡率の変化により成立していることに気づかせ，その要因についても触れる。 | ● | | | ●3類型（多産多死・多産少死・少産少死）について，出生率・死亡率の変化やその要因について理解している。 |

| 生徒の学習活動 | 評価の観点 | | | 評価規準など |
|---|---|---|---|---|
| | 知 | 思 | 態 | |
| 3 次の課題1について，グループで話し合い，発表する | | | | |
| **課題1** 人口動態と人口ピラミッドの関係性について考える。 | | | | |
| 【指導上の留意点】<br>　それぞれに該当するいくつかの国を事例に示して考えさせる。 | | ● | | ●人口動態と人口ピラミッドはおおむね，<br>　①多産多死―富士山（ピラミッド）型<br>　②多産少死―釣り鐘型<br>　③少産少死―つぼ型<br>の関係性になる傾向に気づくことができる。 |
| 【第2時】<br>4 発展途上国の人口問題について，出生率が高止まりしている現状を理解し，その対策について考える<br>【指導上の留意点】<br>　貧困や地域紛争など，複雑な要因に着目させ，「自助努力」の認識を促す。 | ○ | | | ○発展途上国の人口問題の解決が，<br>　①子どもへの教育の向上<br>　②女性の地位向上<br>と大きく関連することを理解している。 |
| 5 先進国の人口問題について，出生率が低い地域と高い地域の違いについて着目して，その要因について考える<br>【指導上の留意点】<br>　出生率が低い地域と高い地域をいくつか示し，福祉政策の違いに触れる。 | ○ | | | ○出生率が低い地域と高い地域とを比較して，その福祉政策の違いを理解している。 |
| 6 次の課題2について，グループでまとめて発表する | | | | |
| **課題2** 日本の過密地域と過疎地域，それぞれに見られる人口問題について考える。 | | | | |
| 【指導上の留意点】<br>　過密・過疎それぞれの地域に見られる問題点について，次の点に着目させる。<br>　①時系列に沿って考えさせる。<br>　②人口移動に着目させる。 | | ○ | | ○それぞれの地域の人口問題について，<br>　①過密地域の空洞化，都心回帰<br>　②過疎地域の空き家，限界集落<br>などの諸問題があり，早急に対策を行う必要があることに気づくことができる。 |

## (3) 授業の展開と２つの「つまずき」

### つまずき①　人口動態や人口ピラミッドへの関心を高める方法は何があるだろうか

　学習活動３では，様々な国の人口動態，いわゆる「多産多死」・「多産少死」・「少産少死」の３類型をより十分に理解するために，人口ピラミッドについて学習します。すると，

①多産多死型の場合，「富士山（ピラミッド）型」に近い人口ピラミッドになる。
②多産少死型の場合，「釣り鐘型」に近い人口ピラミッドになる。
③少産少死型の場合，「つぼ型」に近い人口ピラミッドになる。

という学習が展開されます。人口動態の変化を，人口ピラミッドを利用して考えることはそれ程難しい内容ではなく，関係性を理解させることで授業は次の項目に移りましたが，何か生徒の関心を高める方法はないだろうか，という課題が残りました。

### つまずきへの対応

　少子化が進む先進国でも，人口ピラミッドの形状は次のように異なります。

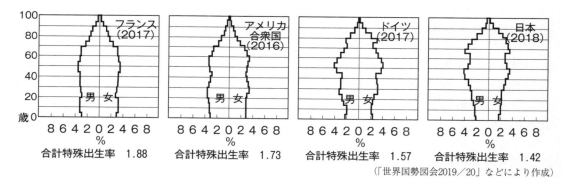

（「世界国勢図会2019／20」などにより作成）

　出生率が低い先進国と出生率が高い先進国とでは，人口ピラミッドの形状が異なり，先進国では一様に「つぼ型」の人口ピラミッドにはなりません。そこで，学習活動３では，ドイツや日本が今後，少子化の歯止めがかからなかった場合は，どのような人口ピラミッドになるかを考えさせることにより，人口問題への関心を高めることができます。国立社会保障・人口問題研究所の報告では，2065年の人口ピラミッドの予測を行っており，それによると，そのまま少子化が続いた場合，いわゆる「逆三角形型」，「逆ピラミッド型」とよばれる人口ピラミッドになるとされています（右図参照）。このような人口ピラミッドになった場合，どのような問題が起きるのか，少子化が進む現代社会に照らし合わせて考えさせるとよいと思われます。

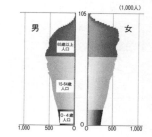

　学習活動6では，日本の人口問題について学習します。その際，少子高齢化にともなう様々な事象が扱われますが，過密地域と過疎地域で対比させて学習する方法が考えられます。それらについて，グループで話し合います。

　以下は，このときに各グループから出された意見です。

<過密地域>①中心地域の荒廃，空洞化またはドーナツ化

　　　　　　②中心地域の再開発，人口の都心回帰

<過疎地域>③人口の社会減，空き家問題，限界集落の出現

　　　　　　④魅力ある地域づくりによる都市からのUターン，移住

<まとめ>　これらの問題は，主に過疎地域から過密地域に人口が移動することで起きている。

　<まとめ>として，日本国内の人口移動に触れられたことから，授業の目的は達成することができたと考えられ，授業は次の項目に移りましたが，もう少し工夫できる点はないだろうかという課題が残りました。

### つまずきへの対応

　人口問題の一つに限界集落があります。限界集落は上記③のように過疎地域に見られる問題として授業では扱われましたが，過疎地域だけに見られるものなのでしょうか。東京都多摩市の人口ピラミッドの推移を示した次の資料によると，東京都のニュータウンが立地する多摩市では現在，ニュータウン創設時の30歳代の高齢化が顕著で，さらにその子世代も2045年には高齢者となります。少子化の影響で，若年層の人口が増えず，2045年の多摩市の老年人口率は40％を超える予測となり，一部の地域では限界集落化していると考えられます。このように，限界集落は地方だけの問題ではない，という視点を持つことにより，人口問題への関心をより高めることができると思われます。

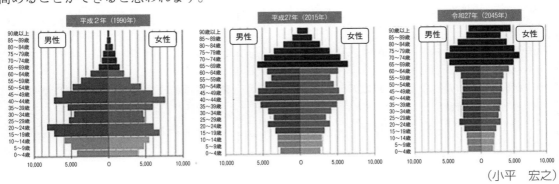

（小平　宏之）

# 8

1年

## 食料問題に対して，国際社会はどのような取り組みをしているのだろうか

1時間

## (1)　授業のねらい

・栄養不足人口の多い国や地域を，主題図等を用いて読み取る技能を身につけさせる。

・食料問題の解決には持続可能な社会の実現を目指した各国の取り組みや国際協力が必要であることについて理解させる。

・全ての人が安定的に食料を確保するための国際協力について，解決の方向性を多面的・多角的に考察し，表現させる。

## (2)　学習指導案（1時間）

（○…評定に用いる評価　●…学習改善につなげる評価）

| 生徒の学習活動 | 評価の観点 | | | 評価規準など |
|---|---|---|---|---|
| | 知 | 思 | 態 | |
| 1　食料難の生活を強いられている地域の人々の写真<br>・写真から，地域によって食料の需給には不均衡があることを捉え，食料問題の現状について捉える。 | | | ● | ●食料問題について，見通しを持って学習に取り組もうとしている。（つまずき①） |
| 課題1　食料不足や栄養不足人口の多い国や地域にはどのような現状や要因が考えられるか。 | | | | |
| 2　課題1について，「世界の栄養不足人口の国別割合」（略）などの資料を基に，割合が高い国や地域を読み取る<br>・資料から，南アジアやサハラ以南のアフリカなどの割合が高いことを読み取る。 | ● | | | ●食料問題に関する資料から情報を適切かつ効果的に読み取ってまとめている。（つまずき②） |
| 3　栄養不足人口の割合の高い地域の自然環境や歴史的背景などが，より食料不足を深刻化させている現状を理解する<br>【指導上の留意点】<br>　この地域は気候変動の影響を受けやすく， | ● | | | ●食料問題が，その地域の自然環境や歴史的背景が影響して深刻化していることを理解している。 |

| 生徒の学習活動 | 評価の観点 | | | 評価規準など |
|---|---|---|---|---|
| | 知 | 思 | 態 | |
| 干ばつや洪水も多発している。それに伴う経済の悪化，政治不安定，感染症の危険などの要因が連動していることを理解させたい。 | | | | |

**課題2** 　食料問題に対して，国際社会はどのような取り組みをしているのだろうか。

| 4　日本では，国際協力機構（JICA）やNGOなどによる支援によって，アフリカの土地条件に合った高収量品種の普及が進められている事例等を紹介する。 | ● | | | ●食料問題を抱える地域に対して，先進国が様々な支援や協力をしていることを理解している。【資料①】 |

**課題3** 　「学校給食プログラム」には，どのような意味や効果があるのだろうか。

| 5　国連の「学校給食プログラム」に関する資料①・資料②を基にした読み取りとその取り組みの意味や効果を考える。<br>・資料①から実施国について読み取る。<br>・資料②の空欄の吹き出しにあてはまることばを個人またはグループで考える。<br>・なぜ，自分（たちのグループ）はこのことばをあてはめたのか，他（グループ）がこのことばをあてはめたのかを，グループ等で話し合う。<br>・各グループで出た意見を発表する。<br>（つまづき③） | | ○ | | ○資料の読み取りを基に，全ての人が安定的に食料を確保するための国際協力について，解決の方向性を多面的・多角的に考察し，表現している。【資料②】 |
| 【本時のまとめ】<br>　一時的な物資援助に留めず，技術協力やプログラム指導をすることで，途上国が安定的に食料を確保し，食料問題の解決から，様々な問題の改善につなげる必要がある。 | | | ○ | ○食料問題について，解決の方向性を整理し，そこで見られる課題を主体的に追究しようとしている。 |

## (3)　授業の展開と３つの「つまずき」

### つまずき①　中学校地理的分野における学習状況の把握

　生徒はアフリカについて，低い平均寿命，高い乳幼児死亡率，人口増加，モノカルチャー経済などのキーワードで既に学習していました。調べたところ，中学校社会地理的分野の世界諸地域で，アフリカの発展と課題に関する学習をしています。

### つまずきへの対応

　アフリカの発展と課題に関する学習において，教師は生徒の定着度を確認するよい機会です。また，中学校の総合的な学習の時間で「世界の食料不足や飢餓」などについて調べ学習をした経験を持っている生徒もいます。授業の導入段階で，生徒のこれまでの学習状況等を把握しつつ，適切に指導案を微調整することも考えられます。

### つまずき②　資料を読み取らせる時の工夫

　生徒は資料（本時は「世界の栄養不足人口の国別割合」の主題図）の読み取りにおいて，「資料から何か気づくことは？」と質問したところ，「アフリカが高い」「けっこう差がある」など視点がぼやっとしており，本時の意図から遠ざかってしまいました。視点を狭めすぎると，生徒の思考も狭めてしまうことになるので，そのバランスが難しいのですが，資料の読み取りを基に，本時の授業のねらいをスムーズに進めるための適切な問いはどうすればよいでしょう。

### つまずきへの対応

　教師は，生徒の状況によって，「アフリカ大陸の中でも，どの地域の食料不足が深刻か」「アフリカ大陸以外に深刻な地域はあるか」「深刻な地域はどのような自然環境か」など，問いを細分化することも工夫の一つです。また，世界の栄養不足人口の割合の低い地域を読み取らせ，「先進国には食料問題はないのか」という一歩先の課題につなげていくことも考えられます。授業で活用する資料は，生徒に読み取らせたい視点を明確に示す場合と，豊かな発想で読み取らせて視点を広げる場合とで使い分ける工夫が必要です。

### つまずき③　食料問題が食料不足の解決のみに留まらないような探究のしかけ

> 課題３　「学校給食プログラム」には，どのような意味や効果があるのだろうか。

　イラストの吹き出しにことばを入れる作業的学習を授業内で取り入れ，生徒は興味を持って話し合っています。資料②について話し合う，あるグループを覗いてみました。

生徒Ａ：「ただ配るんじゃないよ」ってどうゆうこと？

生徒Ｂ：給食ってそもそも栄養のことを考えて献立が決められているものだよね。まず，栄養不足は改善されるわけだね。お腹が満たされるなら何を食べてもよいということではなさそうだ。

生徒Ｃ：そうだね。それに給食があるとわかれば，子どもたちは学校に行くし，勉強もするし……。

生徒Ｄ：学校へ行けば栄養のあるものを食べられることを親が理解すれば，多分親は子どもに学校行きなさいっていうと思うよ。

生徒Ａ：そっかあ。じゃあ，イラストの吹き出しの空欄には「子どもが学校に毎日行って教育を受けるようになるのじゃ」があてはまるね。

つまずきへの対応

　ここまでの対話的な学びで，グループで思考を働かせながら一定の答えを導き出すことができています。この会話から生徒Ｃと生徒Ｄは，「学校に行きたくても行けない子がいること」や「貧しい国では子どもが貴重な労働力であること」を理解していると推察できます。そこで，深い学びを実現させるため，このグループには，さらに問いを提示しました。

教　師：誰が給食をつくって，誰が配るのでしょう？　改めて「学校給食プログラム」にはどんな効果があるのか考えてみましょう。

生徒Ａ：「ただ配るんじゃないよ」ってことは「毎日配り続けるよ」ってこと？

生徒Ｂ：毎日，栄養のある給食を同じように配るためにはどうすればいいかなあ。

生徒Ｃ：私たちは給食を，学校に行けば毎日普通に食べられるけど，私たちの国で貧しい国の子どもたちに毎日給食をつくって配ることは難しいね。

生徒Ｄ：将来的に，どの国も自分たちで学校給食をプログラムにする必要があるわけか。

　さらなる問いを提示して対話的な学びから，持続可能な国際協力の必要性や地域の実情に応じた食料問題の解決の方向性について，探究を促すことができました。このように，先進国が途上国に給食を緊急支援し続けるのではなく，途上国が先進国から学校給食のシステムを学び，自国で学校給食のシステムを構築する必要があることを，生徒には理解させたいと考えます。

（増田　圭司）

---

※表内資料②，本頁右上掲載のイラストの著作権は「独立行政法人国際協力機構」にあり，「JICA 地球ひろば　ぼくら地球調査隊」
（https://www.jica.go.jp/hiroba/teacher/material/kabe.html）内，「世界の食料」より，部分改変し使用しています。

## CASE 9

**地理総合** 📖 地球的課題：居住・都市問題

### 都市の人口集中にともなう課題

1年

12時間

### (1) 授業のねらい

・発展途上国の都市問題に関して，Web地図やインターネットで考察しまとめる。
・発展途上国の都市問題を，都市と農村の格差，国の貧困を背景とした問題として捉える。

### (2) 学習指導案（12／12時間）

（○…評定に用いる評価　●…学習改善につなげる評価）

| 生徒の学習活動 | 評価の観点 | | | 評価規準など |
|---|---|---|---|---|
| | 知 | 思 | 態 | |
| 【第12時】 | | | | |
| **課題1**　東アフリカ最大の都市・ナイロビになぜ人口が集中したのか考えよう。 | | | | |
| 1　ケニアの様々な郡別の様統計地図から，何故，ナイロビに人口が集中しているのかを「班別」に考え，ワークシートにまとめる<br>・Web地図「ケニアの社会経済アトラス（WLRL Kenya Social Economic Mappingtool）」にある，郡別の貧困発生率，安全な水へのアクセス率，インフォーマルセクターで働く人口割合，土壁の家で暮らす人口割合の地図を使用する。<br>【指導上の留意点】<br>　発展途上国の都市問題が都市だけの問題ではなく，国の貧困からくる富の偏在（都市と農村の格差）が背景にあると気づかせる。 | | ● | | ●ケニアの様々な郡別の様統計地図から，何故，ナイロビに人口が集中しているのかを班別に考え，ワークシートにまとめている。<br>・記述例：ナイロビ郡は周辺の農村地域と比べ，貧困発生率が低く，安全な水へのアクセス率が高く，インフォーマルセクターで働く人口割合が低く，土壁の家で暮らす人間割合が低い。そのため豊かで雇用機会もあり，衛生的な生活を得るために，人口が流入したと思われる。 |
| **課題2**　ナイロビの都市景観を概観し，読み取れた都市内部の課題をまとめよう。 | | | | |
| 2　ナイロビ郡内の4地区について，Google Earthを使用して，都市景観の | | ○ | | ○ナイロビ郡内の4地区についてGoogle Earthを使用して，都市景観の特色や課 |

| 生徒の学習活動 | 評価の観点 | | | 評価規準など |
|---|---|---|---|---|
| | 知 | 思 | 態 | |
| 特色や課題を考え,「班別」にワークシートにまとめる | | | | 題を考え,まとめる。 |
| ・ナイロビ駅北側の CBD と周辺商業地区のアクラロード | | | | ・記述例:CBD は道が広く高層ビルが多い。通行人の服装も洗練されている。商業地区は商店が多い。道路が駐車場代わりで混雑し,道端で物を売る人が多い課題がある。 |
| ・ナイロビ駅南東の工業地区(インダストリアルエリア)とその東の住宅地区 | | | | ・記述例:工業地区は商用車・トラックが多く,道路も整然としている。住宅地区は仮設住居が多く,スラムとなっている課題がある。 |
| ・工業地区南の郊外にある国立公園 | | | | ・鉄道建設が行われ,環境破壊のリスクにさらされている課題がある。 |
| ・ナイロビ駅南西の郊外住宅地区(キベラ) | | | | ・記述例:仮設住居が多く,道幅も狭い。バイクや自転車,徒歩が多い。地区全体がスラムで,ゴミの散乱,道端で商品を売る人々が多いなどの課題がある。 |
| 3 ナイロビの都市問題対策を,「班別」にインターネットで調べまとめる。<br>・駐車場不足,交通渋滞,ゴミ処理問題,雇用機会の不足,スラムなどに対しての対策を調べる。<br>【指導上の留意点】<br> 都市問題の対策はもともと,国の貧困からくる国内の富の偏在が原因で,国自体を支援する国際協力なしでは解決が難しいことを示す。 | ● | | | ●ナイロビの都市問題対策を,問題ごとに,インターネットなどで調べ,まとめている。 |

## (3) 授業の展開と2つの「つまずき」

### つまずき① 発展途上国の都市問題は「都市だけの問題」なのか

　筆者は当初(授業構想時),ナイロビの都市問題を,「都市内で起きている問題」の現象面だけに焦点を当てて授業の組立を考えていました。ただ,教材準備のため様々な資料に触れる中で,ナイロビをはじめ発展途上国の都市問題は,国家そのものの貧しさと,そこからくる富の不均等(都市と農村の格差)が背景であり,「都市だけの問題」として扱うことが間違いであると考えるようになりました。

つまずきへの対応 ★★

　授業ではまず，生徒にケニアの様々な郡別統計地図を見せ，ナイロビが周辺の農村地域と比べると恵まれていることを読み取らせます。そして次に，農村よりも恵まれていることが動機になり，ナイロビという都市に沢山の人口が流入しているのではないかと生徒に推察させる流れとしました。また授業後半で，ナイロビの都市問題の対策を調べさせる時には，「都市問題は国の貧困や国内の富の偏在が原因で起こる問題なので，資金力に乏しい国家が単独で努力するだけでは解決が難しく，国際支援の力が必要」ということを生徒に強調し，国際支援の関わっているものを中心に調べさせるように授業展開を修正しました。

## つまずき②　Web 地図はどのように活用すればよいのか

　授業は Web 地図の利用を前提としています。授業で過去 Web 地図を利用した経験がない先生方には，こうした授業は難しいと先入観を持つ先生もいるはずです。

つまずきへの対応 ★★

　Web 地図は，簡単なメニュー選択で地図の切り替えができる平易なツールです。英語版のものでも PC を自動翻訳設定にしておけば，生徒も容易に日本語のものと同様に扱えます。
(1)　ケニアの社会経済アトラス (https://www.kenya-atlas.org/interactive/index.html)
　ここの地図は図形表現図で，様々な行政区画レベルの人口を円の大きさで示し，円の配色で特定の指標の相対値を示します。指標は右メニューから選べます。凡例は左メニューの下にありますが，独特の配色のため注意が必要です。具体的な操作手順は以下の通りです。

①左メニューの「管理レベル」で「郡」をチェックする。この時，円が最も大きいのが人口最大のナイロビ郡だと生徒に示します。

②右メニューの「人口分布とダイナミクス」で「18歳から64歳までの人口」にチェックする。ナイロビは生産年齢人口が多く，活気があることが読み取れます。

③右メニューの「水，衛生，エネルギー」で「安全な水源へのアクセス」にチェックする。ナイロビは安全な水源へのアクセス環境に恵まれていることが読み取れます。

④右メニューの「家計資産」で「住居の土の家の材料」にチェックする。ナイロビは「衛生上問題のある，もろい土壁の家」に暮らしている人々が少ないことがわかります。

⑤右メニューの「福祉と貧困」で「貧困の発生率」にチェックする。ナイロビは周辺地域に比べ貧困発生率が低いことがわかります。

⑥右メニューの「経済活動」で「インフォーマルセクターで働く人々」にチェックする。

　ナイロビは周辺地域に比して，インフォーマルセクター依存率が低いとわかります。

(2)　Google Earth (https://earth.google.com/web/)

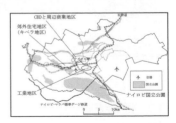

　Google Earth でナイロビ郡内の特定地区を鳥瞰させる際，生徒には，地区の同定がスムーズに行えるように，各地区の位置や広がりを示した地図を提示します。そして各地区を鳥瞰させる時は，道路網，建物の配置に着目させます。また生徒にストリートビューで各地区の都市景観を観察させる際は，まず Google Earth の右下メニューにある「人型アイコン」をクリックさせます。するとストリートビューの利用可能な場所が水色で表示されるので，あとはそこに，「人型アイコン」をドラッグして落とさせます。ここでは，道路，乗り物，建築物，行き交う人々，衛生環境に着目して読み取りをさせます。

CBD

商業地区（アクラロード）

スラム（キベラ）

## ⑷　授業のブラッシュ・アップ

　私はこの授業では，班別学習を想定しています。それは都市問題をはじめ，地域や世界全体の課題やその解決策の検討に協働的に取り組ませることが，「現代世界で必要な協働的な課題解決」の第一歩になると考えたためです。ただ班別学習には，生徒の実態によっては，特定の生徒ばかりが活動に関わり，協働的にならないということがよく見られます。そこで班員全てが主体的に参加できるような工夫が必要だと考えます。具体的にはまず，模造紙と付箋紙を使った工夫などが有効と考えます。この方法では最初に教師から各班に，模造紙と付箋紙を配ります。そしてナイロビの４地区の考察をさせる時などはまず，模造紙の真ん中に十字線を引かせ，４つの区画をつくらせます。あとは生徒全員に個々の地区について１人４枚ずつ，都市景観の読図結果を青の付箋，読み取った課題を赤の付箋に書かせ，該当する区画に貼らせます。また班で話し合って，似た意見の付箋を近くに集めグルーピングするよう指示します。作業終了後，各班の任意の生徒を指して模造紙を見ながら発表させれば，クラス全体の共有もできます。なお「ロイロノート・スクールの共有ノート」や「Google の Jamboard」を模造紙代わりに使う方法もあります。それぞれでは，個々の生徒が「班ごとにつくられた同じシート」の中に，同時にテキストや付箋という名前のカードに考察結果を記述し，貼っていくことができます。ICT 環境が許せば，そうした方法の導入を検討されてもよいと思います。　　　　（田中　隆志）

## CASE 10　1年

地理総合　国際協力

### 地球的課題の解決にはどのような国際協力が必要なのだろうか

7時間

## (1)　授業のねらい

・地域統合の構成国・地域を構想することから，地球的課題の解決には国際協力が必要だと気づくことができる。

## (2)　学習指導案（7時間）

（○…評定に用いる評価　●…学習改善につなげる評価）

| 生徒の学習活動 | 評価の観点 | | | 評価規準など |
|---|---|---|---|---|
| | 知 | 思 | 態 | |
| **課題1**　日本はどの国・地域と地域統合すればよいのだろうか。 | | | | |
| 【第1時】<br>1　地域統合をつくろう<br>・日本が新しく地域統合をつくる際にどの国・地域と地域統合すればよいのか，その構成国・地域を考察する。<br>【指導上の留意点】<br>　中学校の学習などを活かし，考察する。個人で取り組んだ成果を本単元の診断的評価とする。 | ○ | | | ○世界各地で見られる地球的課題の解決には持続可能な社会の実現を目指した各国の取り組みや国際協力が必要であることなどについて理解している。<br>・中学校の学習などから，単元が始まる前に，どのような構成国・地域を選択するのか評価する。 |
| 【第2・3時】<br>2　既存の地域統合を参考にしよう<br>・個人で調査してきた既存の地域統合についての調査結果を，グループで共有する。<br>【指導上の留意点】<br>　EU, USMCA, MERCOSUR, ASEAN, SAARC, GCC, AU, PIF など，できる限り，様々な地域の地域統合が共有できるように，事前に担当を決める。 | ● | | | ●既存の地域統合についての調査結果を共有することから，地域統合にはどのような視点が必要なのかを理解する。 |

| 生徒の学習活動 | 評価の観点 | | | 評価規準など |
|---|---|---|---|---|
| | 知 | 思 | 態 | |
| **課題2** 地球的課題を指標に国・地域をクロスチャートに表現してみよう。 | | | | |
| 【第4・5時】<br>3　様々な国・地域をクロスチャートに表現しよう<br>・前単元までに学習した，地球的課題を指標に，様々な国をクロスチャートに表現する。<br>【指導上の留意点】<br>　例えば，エネルギー資源の偏在を縦軸，水資源の偏在を横軸とするクロスチャートや，人口の偏在を縦軸，食料問題に関係する指標を横軸とするクロスチャートを作成する。<br><br>【第6・7時】 | | ○ | | ○地球的課題について，地域の結びつきや持続可能な社会づくりなどに着目して，主題を設定し，現状や要因，解決の方向性などを多面的・多角的に考察し，表現している。<br>・クロスチャートだけでは多面的・多角的な考察に至っていない場合には，地球的課題に関係するキーワードについての関係構造図を作成することで，地球的課題の解決には，国際協力が必要不可欠であることに気づかせる。 |
| **課題3**　日本はどの国・地域と地域統合すればよいのだろうか。 | | | | |
| 4　地域統合をつくろう<br>・日本が新しく地域統合をつくる際にどの国・地域と地域統合すればよいのか，その構成国・地域を考察する。<br>【指導上の留意点】<br>　本時の学習などを活かし，考察する。個人で取り組んだ成果を本単元の総括的評価とする。 | | | ○ | ○地球的課題と国際協力について，よりよい社会の実現を視野にそこで見られる課題を主体的に追究しようとしている。<br><br>・本時の冒頭で構想した地域統合より，構成国・地域に広がりが見られると望ましい。 |

## (3) 授業の展開と１つの「つまずき」

**つまずき①　単元学習前は安易に地球統合の構成国・地域を選択しがち**

　単元の冒頭で，本単元を貫く問い「日本はどの国・地域と地域統合すればよいのだろうか」を提示します。生徒は中学校の学習やメディアから得た知識などを活用し，構成国・地域を構想します。本校での実践の結果は図１の通りとなりました。中学校の多くの教科書で取りあげられている国・地域を構成国・地域に選んでいます。

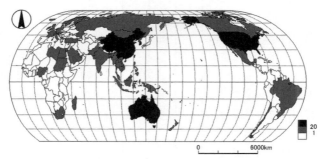

図１　地域統合の構成国・地域（診断的評価）
（生徒が選択した国・地域を着色し，その中で20名以上の生徒が選択した国・地域を濃く着色）
（地理情報分析支援システム　MANDARA10で作成）

　この構成国・地域にはなぜ地域統合を構成するのか，地域統合を構成することが，持続可能な社会づくりのために，何をもたらすのかの視点が，考慮されているとはいえません。それでは，そのような視点からも構成国・地域を構想するためには，どのような手立てが必要なのでしょうか。

**つまずきへの対応**

　地域統合を構成する際の視点を増やすためには，例えば，次のような手立てが考えられます。
①既存の地域統合を調査し，その調査結果を共有する。
②前時までの地球的課題の学習を活用し，様々な地球的課題に関係した指標で，クロスチャートを作成し，多くの国・地域の状況を把握する。

　①では，既存の地域統合では，なぜ多くの国・地域が結びついているのかを調査することで，地域統合を構成する際の視点を増やします。また，②では，地球的課題がどの国・地域でも同じように問題となっているのではなく，国・地域によってどのような地球的課題が，どの程度問題となっているかが異なることが把握できます。さらに，①と②の作業と組み合わせることで，既存の地域統合が，結びつき，協力することで，様々な課題を解決しようとしていることに気づきます。

　さらに，地域統合の構成国・地域の構想を多面的・多角的にするために，地球的課題に関係するキーワードについての関係構造図を作成することも効果的です。関係構造図には，前時までに学習した地球的課題に関係する９つのキーワードを配置します。そのキーワードについて，

自然システムに関係するキーワードを青色，社会・経済システムに関係するキーワードを赤色に分類します。さらに，キーワードとキーワードの関係構造を矢印や線などで結びます。

　このように，さまざまな学習活動を通して，地域統合の構成国・地域を構想する際の視点を増やしていきます。そうすれば，図1の診断的評価で把握した地域統合の構成国・地域に変化が見られるでしょう。

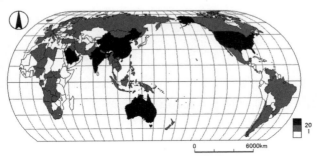

図2　地域統合の構成国・地域（総括的評価）
（生徒が選択した国・地域を着色し，その中で20名以上の生徒が選択した国・地域を濃く着色）
（地理情報分析支援システム　MANDARA10で作成）

## ⑷　授業のブラッシュ・アップ

　ただし，地域統合の構成国・地域を構想することが，授業のねらいではありません。その学習過程を通して，地球的課題の解決には，国際理解を踏まえた国際協力が大切であることに気づくことが必要です。

　以下に本実践の際の生徒の感想を記します。

> 　世界には経済格差や資源の有無などの不公平があり，それらをどのように公平なものにしていくのかが大事だと思った。また，異常気象や環境問題，限りある資源など，世界全体で解決しなければいけない問題が沢山あることがわかった。だからこそ国際協力を強めていかなければならないと思った。

> 　今回，地球的課題をあげてみて，今の地球には国際的な課題が沢山あると痛感しました。時代が進んでよくなったこともありますが，変化に伴う課題の規模がどんどん大きくなってきており，早急な解決が必要だと感じました。しかし，解決はそんな簡単なものでもなく，より強い国際協力が必要だと思います。

（高木　優）

CASE

# 11

1年

地理総合 　防災

## どこに避難する？　地形と防災の学習をいざという時の行動に結びつける

2時間

## (1) 授業のねらい

・これまでの地形の学習を振り返りながら，いのちを守る行動について考える。
・地理院地図などの GIS を適切に活用できるようにする。

## (2) 学習指導案（2時間）

（○…評定に用いる評価　●…学習改善につなげる評価）

| 生徒の学習活動 | 知 | 思 | 態 | 評価規準など |
|---|---|---|---|---|
| 【第1時】 | | | | |
| 課題1　坂戸市にっさい花みず木地区はどのような場所に立地しているだろうか。 | | | | |
| 1　地理院地図の地形分類（自然地形）と自分で作る色別標高図を自分のスマートフォンやタブレット端末に表示して，にっさい花みず木地区の地形や標高を確認する<br>【指導上の留意点】<br>　二人組のグループをつくり，互いに異なる地図を表示して確認させる。ただし，このような活動は，普段の取り組みが重要で，急にできるわけではない。 | ● | | ● | ●これまでの地形学習の内容や GIS の操作が理解できている。<br>●仲間とともに学ぼうとする積極的な姿勢が見られる。<br>【予想される回答】<br>・後背湿地（氾濫平野など）に立地しており，台地（台地・段丘）に比べて数m標高が低いところに立地している　　など |
| 課題2　にっさい花みず木地区の住民はどこに避難すればよいだろうか。 | | | | |
| 2　洪水や内水氾濫の可能性が高い時，にっさい花みず木地区の住民はどこに避難すべきか考える<br>【指導上の留意点】<br>　このパートでは，浸水想定を50cm 未満の床上浸水レベルの場所にある住宅に住んでいることを前提に考えさせる。家族構成や家のつくりなどには触れず，あえて自由に考えさせたい。生徒からこれら前提条件について質問が出るとおもしろい。（つまずき①） | | ○ | ● | ○地形を踏まえて避難場所を考えている。<br>●仲間とともに学ぼうとする積極的な姿勢が見られる。<br>【予想される回答】<br>・台地（台地・段丘）上にある小中学校<br>・自宅から出ずに2階へ垂直避難<br>・高台にあるホテル　　など |

| 生徒の学習活動 | 評価の観点 | | | 評価規準など |
|---|---|---|---|---|
| | 知 | 思 | 態 | |
| **課題3** 指定避難場所を地理院地図上に表示する。 | | | | |
| 3 指定避難場所（洪水）を地理院地図上に表示して，前時にまとめた自分たちの班の答えと比較する<br>【指導上の留意点】<br> 地理院地図上に表示される指定避難場所は必ずしも最新のものとは限らないことに注意する。<br>（つまずき②）<br><br><br>【第2時】 | ○ | ○ | | ○指定避難場所が地理院地図上に表示できている。<br>○自分たちの答えと地理院地図上に表示された指定避難場所を比較して，自分たちの答えを多面的・多角的に評価できている。<br>【予想される回答】<br>・にっさい花みず木地区から最も近い指定避難場所は入西公園であるが，低地（氾濫原）であることに加え，屋根のない屋外であることから適切な避難場所とはいいがたい　　など |
| **課題4** 現在，指定避難場所はどこか。 | | | | |
| 4 自治体発行のハザードマップなどを用いてにっさい花みず木地区の指定避難場所を確認する<br>【指導上の留意点】<br> 一つの情報をうのみにせず，複数の資料を基に考える重要性を伝えたい。 | ● | | | ●ハザードマップなどで指定避難場所が確認できている。<br>【予想される回答】<br>・台地（台地・段丘）上にある小中学校<br>　　　　　　　　　　　　　　　　　　など |
| **課題5** 旅先で洪水の危険性が高まる。どこに避難するか。 | | | | |
| 【本時のまとめ】<br>5 旅先で大雨による水害の危険性が高まり，急いで自宅に戻ることになったが，近くを流れる川の水位が急激に上昇し，いつあふれてもおかしくない状況にある。そんな時，どこに避難するのが適切か考える<br>・資料：鬼怒川左岸の常総市南石下駅付近の地理院地図・標準地図・地形分類（自然地形）・自分で作る色別標高図<br>【指導上の留意点】<br> 地形の学習を含むこれまでの授業のまとめとして行う。学んだ知識が別の場所でも運用できるかを問う課題である。 | | ○ | ○ | ○地形の学習を含むこれまでの学習成果に基づいて，根拠が明確で適切な避難行動が検討されている。<br>○個人の答えを班の中で発表し合い，知見を共有しながら班としての答えを導いている。<br>【予想される回答】<br>・橋を渡った先にある台地（台地・段丘）上の空き地や路上<br>・自然堤防上の神社（つまずき③）<br>・圏央道・常総 I.C. の料金所付近の路上<br>　　　　　　　　　　　　　　　　　　など |

## (3)　授業の展開と３つの「つまずき」

### つまずき①　生徒の自由な発想から新たな展開をつくる

　避難場所を検討するとき，前提条件を事細かに設定すれば，生徒の回答は限定されるでしょう。そのため，授業者としては授業の展開を筋書き通りに進められるという利点もあります。しかし，授業は教師が生徒に対して教えるだけでなく，教師と生徒のやり取り（会話）の中で展開する方法もあります。たしかに，予想できない部分が多く，不安に感じる先生方もいらっしゃるでしょう。しかし，後者のやり方の方が授業はエキサイティングで，意見交換や議論が活発になることが期待されます。こうした「しかけ」を意図的に設けながら授業展開を考えてみるのもよいかもしれません。本授業の場合，生徒から出た意見を新たに前提条件に付け加えてもよいし，前提条件に付け加えるべきか，生徒とともに議論してもよいでしょう。

### つまずきへの対応

　まずは，失敗してもよいからやってみることではないでしょうか。筆者もそうですが，失敗を恐れて新たなことに挑戦しづらい雰囲気が今の教育界にはあるように感じています。成功よりも失敗から学ぶことの方が多く，教師が失敗した時，状況に応じて軌道修正していく姿を生徒に見せることも大切ではないでしょうか。

### つまずき②　地理院地図の情報は最新とは限らない

　複数の資料にあたることや，情報の正確性を確かめることはもちろんいうまでもありませんが，限られた時間で行う授業準備や教材研究では忘れがちなところです。地理院地図では指定避難場所の表示直前に「免責事項・ご利用上の注意」のポップアップが表示され，情報の確認（市町村別情報公開日・更新日の確認や自治体への確認）をするように注意が促されます。「便利さ」や「手軽さ」は時間の制約がある中で重要ですが，「裏取り」をする重要性をここで改めて再確認したいところです。ちなみに，地理院地図ではにっさい花みず木地区がある埼玉県坂戸市の指定避難場所は，2018年４月19日が最終更新日です（2021年12月28日時点）。2019年10月12〜13日に通過した台風19号により坂戸市は大きな被害が発生し，加えて新型コロナ感染症拡大防止の観点から，令和３年度に大幅な変更が加えられています。

### つまずきへの対応

　ここでは，自治体が発行する最新のハザードマップ（坂戸市では「防災マップ」の一部）やWebサイトで確認することによって，指定避難場所の最新情報が得られます。筆者は本授業の前に，坂戸市防災安全課や地元住民への聞き取り調査を行いました。たしかにインターネットの検索やGISを用いた地図作成は便利です。しかし，同時に紙の地図の利用や「足で稼ぐ」ことも重要ではないでしょうか。

## つまずき③　自然堤防＝安全ではない

　本授業に先立つ地形の学習で，生徒は自然堤防を含む氾濫原（低地）の地形について学習しています。自然堤防は，今から約1万年前から現在までの間に川が何度も氾濫を繰り返す中で形成された低地のなかの微高地です。形成の過程にさかのぼって考えれば，当然，水害の危険性はあります。しかし，周りに比べて標高が高いことや，古くから集落が形成されており，「比較的水害に強い＝水害にあわない」という誤った認識につながった可能性があります。加えて，筆者の勤務校の周辺では，神社は低地と台地の境目の高台（段丘崖の上）に分布しており，神社は災害に強い場所に必ず立地するといったイメージを植え付けてしまったことも大きいかもしれません。

### つまずきへの対応 ✨

　その地形がどのように形成されたのか，形成の過程にさかのぼって説明し，生徒に理解させることが大切です。したがって，単に地形の名称だけ覚えさせることに終始する授業は厳に慎みたいものです。また，学校の近くに自然堤防と台地（台地・段丘）があるなら，生徒を連れて観察すれば，両者の比高の違いをより一層理解できるはずです。

## ⑷　授業のブラッシュ・アップ

　しかし一方で，筆者もそうですが，地形や気候といった自然地理分野を苦手とする先生方が多いといった声を聞きます。また，教材研究に割ける時間も限られていることから，効率的で効果的な研修の機会も必要だと考えます。最近では，自主的な研修ができる Web サイトが増えてきましたので，参考資料にいくつか紹介します（2021年12月30日現在）。

（加藤　一郎）

---

【参考資料】
・地理教育支援コンテンツ（国土地理院）
　https://www.gsi.go.jp/CHIRIKYOUIKU/shien.html
・『地理総合』学校教育支援サイト
　https://www.chirisougou.geography-education.jp/
・地理教材共有サイト
　https://sites.google.com/view/geoclass2020/　地理総合
　また，下のサイトには，本授業で使用した資料や評価問題を掲載していますので，ご覧下さい。（2022年5月7日現在）。
＊防災に関する教材（著者作成の Web サイト）
　https://seifu.sakura.ne.jp/324/2021/chiri/#dai_3shou
　https://seifu.sakura.ne.jp/324/2021/chiri/#teikikousa　…2学期中間考査〜年次末考査で出題

# 12

1年

地理総合　生活圏の調査

## フィールドワークで考察する生活圏の課題

4時間

## (1)　授業のねらい

・生活圏の地理的な課題を探究する手法を理解させる。

・持続可能な地域づくりに向けた取り組みを多面的・多角的に考察させる。

## (2)　学習指導案（3〜4／4時間）

（○…評定に用いる評価　●…学習改善につなげる評価）

| 生徒の学習活動 | 評価の観点 | | | 評価規準など |
|---|---|---|---|---|
| | 知 | 思 | 態 | |
| **第3時のねらい**　生活圏の地理的な課題を探究する手法を理解させる。 | | | | |
| 1　フィールドワークをする<br>・前時までに各グループで立てた仮説及び調査計画を確認する。 | ○ | | | ○地理的な課題を探究する手法について理解している。 |
| **課題**　かつて栄えた学校周辺の地域は，今なぜ衰退しているのだろうか。 | | | | |
| 2　観察，聞き取り調査を行う<br>・地形や土地利用を観察し，地図に記入する。<br>・あらかじめ連絡しておいた専門家や，地元の通行人の方に聞き取り調査し，要点を記録する。 | | ● | | ●各グループが設定した仮説について，適切な調査方法により多面的・多角的に考察している。 |
| **つまずき①**　授業者としてフィールドワークをどう計画・実施すればよいか。 | | | | |
| 3　調査記録を作成する<br>・ワークシートにメモする。<br>・撮影した写真の場所や着目点をメモする。 | | | ● | ●計画していた事項だけでなく，新たに気づいたことにも着目し，さらに幅広く調査する必要性を記録している。 |
| **第4時のねらい**　持続可能な地域づくりに向けた取り組みを多面的・多角的に考察させる。 | | | | |
| 4　調査記録を整理する<br>・高低差や土地利用を記入した地図を色分 | ● | | | ●学習課題に対して，適切な情報を収集し，それを整理・分析する中で，新たな発見 |

| 生徒の学習活動 | 評価の観点 | | | 評価規準など |
|---|---|---|---|---|
| | 知 | 思 | 態 | |
| けして，簡易的な土地利用図をつくる。<br>・栄えていた当時の人の流れを，図に示す。 | | | | や理解の深化を見出している。 |

| 仮説　近年の衰退は，街道が変わり，人通りが減ったためではないか。 |
|---|

| 生徒の学習活動 | 知 | 思 | 態 | 評価規準など |
|---|---|---|---|---|
| 5　仮説をグループ内で検証する<br>・調査対象地域は，崖下に連なる集落を結ぶ街道と，江戸・東京から水戸をつなぐ街道の交点に当たるため当時は人通りが多かったことを，グループ内で共有する。<br>・現在は国道のバイパスや高速道路が郊外を通過するようになり，人通りが減ったことを，グループ内で共有する。 | | ● | | ●当該地域に見られる課題として，高齢化，自然災害，地域振興，環境保全，国際化対応などから具体的にあげ，その課題解決に向けた取り組みを多面的・多角的に考察し，仮説を検証している。 |

| つまずき②　課題を多面的に考察できていない。 |
|---|

| 生徒の学習活動 | 知 | 思 | 態 | 評価規準など |
|---|---|---|---|---|
| 6　探究過程を他のグループと共有する<br>・土浦市に隣接するつくば市に，大型商業施設が複数できたことを仮説にしたグループの検証を聞く。<br>・人の移動が自動車中心になったことで，駐車場の少ない地域に人が集まらなくなったことを仮説にしたグループの検証を聞く。 | | ● | | ●当該地域に居住する人々の立場は多様であり，それらの状況を考慮すれば課題解決の取り組みは一つに限られないことを知り，自らの仮説を改めて多面的・多角的に考察している。 |
| 7　仮説を改めて検証する<br>・交通網だけでなく，大型商業施設の進出，モータリゼーションの進展，駐車場の容量不足などの課題についても考察する。<br>・地域社会の持続性に向けて，提言を考察する。 | | ○ | | ○課題の改善を視野に，地域社会の持続性に着目して考察し，地域を改善するための提言をまとめている。 |

### (3) 授業の展開と２つの「つまずき」

　内容のまとまりである「生活圏の調査」のうち，フィールドワークをする時限と，それを振り返り仮説を検証する時限を対象としました。こうした地域調査は，学校現場ではなかなか時間を取りにくい現状もありますが，地理総合のまとめとして充実させることが求められます。そこで，フィールドワークを計画・実施しようとする教師のつまずきを取りあげ，その対応を考えます。合わせて，仮説を検証する際に生徒のつまずきが見られましたので，その対応を述べます。

**つまずき①　授業者としてフィールドワークをどう計画・実施すればよいか**

　フィールドワークを計画・実施する際，１時間の授業の中で完結するものが現実的です。そこで調査地域を学校周辺に定め，そこで見られる地理的な課題を取りあげました。課題は各グループ共通で「かつて栄えた学校周辺の地域は，今なぜ衰退しているのだろうか」としました。これは，通学してくる生徒にとって共通した生活実感といえるからです。

　テーマを決めましたが，実際に計画・実施するに当たって，様々な困難があります。例えば，１時間の授業内では遠くまで行けず，行動範囲が学校周辺に限られることです。その範囲に地理的な観察事項があるとは限りません。また観察事項を見出せたとしても，その地点にクラス全員が一斉に移動し，そこで教師が事項を説明するのは，交通安全および感染症対策から好ましくありません。そうした理由で，フィールドワークに尻込みしてしまうケースが考えられます。

**つまずきへの対応**

　行動できる範囲内に地理的な観察事項がないという問題に対し，地形図で確認できる地形・土地利用・地図記号などを野外で実際に確認してみることができます。また全員一斉の移動が好ましくないという問題に対し，経路図と観察ポイントを記したワークシートを基に，グループごとに自由に歩かせることができます。こうした，１時間完結・非引率型のフィールドワークなら，多くの学校で実施できるのではないでしょうか。

地理院地図やワークシートを基に，グループごとに野外調査の計画を立てます。

　課題に対して，生徒は一つの仮説を立てます。本時では，「かつて栄えた学校周辺の地域は，今なぜ衰退しているのだろうか」という課題に対し，「近年の衰退は，街道が変わり，人通りが減ったためではないか」という仮説が出されました。交通網に着目できたのはよかったのですが，その一面的な見方から考察が深まりませんでした。

### つまずきへの対応

　課題を多面的に考察できないという問題に対し，他のグループの考察を聞くという方法をとりました。その際，機械的に振り分けるのではなく，仮説の異なるグループから一人ずつ集めて，新たなグループを組む工夫をしました。違う考察をした人が一人ずついるグループで意見交換をする，いわゆるジグソー活動です。こうして，大型商業施設の進出，モータリゼーションの進展，駐車場の容量不足などの要因にも気づくことができ，多面的な考察に進みました。

## (4) 授業のブラッシュ・アップ

　考察した内容を基に地域を改善するための提言を考えさせる際，地域社会の持続性に着目できるかが大切です。例えば「空き家は危ないから取り壊す」といった意見に対し，空き家を何かに生かせないだろうかと問いかけることで，「古民家カフェやギャラリーにして若者を集める」といった提言につながりました。

崖下の湧水を確認します。

空き家となった蚕種問屋を観察します。

（松本　穂高）

CASE

# 13

2年

地理探究　自然環境：地形

## 時間・空間スケールの相違を相対化する地形学習

6時間

## (1)　授業のねらい

・変動帯にある地形の規則性を理解させる。

・集落立地の傾向性から，沖積平野の特徴を考察させる。

## (2)　学習指導案（4〜5／6時間）

（○…評定に用いる評価　●…学習改善につなげる評価）

| 生徒の学習活動 | 評価の観点 | | | 評価規準など |
|---|---|---|---|---|
| | 知 | 思 | 態 | |
| **【第4時のねらい】** 変動帯にある地形の規則性を理解させる。 | | | | |
| 1　図を読み取る<br>・プレート境界と地震・火山分布の図を重ね合わせ，読み取れることをワークシートに記入する。<br>・日本がプレート境界の変動帯に位置することを確認する。 | ○ | | | ○地震や火山の分布が，プレート境界と一致していることを，図から正確に読み取れている。また日本列島が，地殻変動や火山活動の特に活発な変動帯と呼ばれる地帯にあることを理解している。 |
| **課題1**　変動帯にある日本に，なぜ広い平野があるのか。 | | | | |
| 2　考察し，まとめる<br>・大陸規模の地形起伏図，地理院地図の色別標高図，Google Earth などを活用して，日本の地形の特徴を考察する。<br>・考察した結果をワークシートにまとめる。 | | ● | | ●地形の空間スケールの違いに着目し，世界の中で見た日本列島の地形の特徴やその背景について，多面的・多角的に考察している。 |
| **つまずき①**　日本の平野は広いの？　狭いの？ | | | | |
| 3　考察した結果を発表する<br>・日本の平野の規模を，ヨーロッパやアメリカ大陸など他地域の平野の規模と比べてみて，わかったことなどを発表する。 | | | ● | ●課題に対する自らの考察の過程と，他の人の発表から考えたことをまとめ，さらに深く追究したいことを述べている。 |

| 生徒の学習活動 | 評価の観点 | | | 評価規準など |
|---|---|---|---|---|
| | 知 | 思 | 態 | |
| 【第5時のねらい】集落立地の傾向性から，沖積平野の特徴を考察させる。 | | | | |
| 4　写真を読み取る<br>・オアシス集落の写真を見て，集落が砂漠の中に立地する理由を考える。<br>・濃尾平野の輪中の写真を見て，輪中が作られた理由を考える。<br>・集落と水とが関係していることを確認する。 | ● | | | ●集落の立地に水の存在が関係していることを，写真から読み取れている。 |
| 課題2　集落と水は，どんな関係になっているか。 | | | | |
| 5　個人で仮説を立てる<br>・扇状地と氾濫原にある古くからの集落の分布を地図に着色し，その分布となった理由を，水との関係から考える。<br>・自分の仮説をワークシートに記入する。 | | ● | | ●扇状地と氾濫原で，集落の立地の特徴が異なることを，多面的・多角的に考察し，仮説を設定している。 |
| つまずき②　集落は水を好む？　避ける？ | | | | |
| 6　個人及びグループで仮説を検証する<br>・地理院地図などの資料を収集し，扇状地の集落がなぜ扇状地末端に列状に立地するのか，また氾濫原の集落がなぜ微高地に立地するのか，仮説を検証する。<br>・検証した結果をグループで話し合う。 | ● | | | ●地理院地図の色別標高図や土地条件図などの読図から，仮説の検証に必要な情報を収集し，適切にまとめている。 |
| 7　まとめたことを発表する<br>・扇状地の集落が扇端に立地するのは，湧水があり用水を得やすいからだと理解する。<br>・氾濫原の集落が自然堤防上に立地するのは，河川氾濫時の洪水を避けるためと理解する。 | | | ● | ●身近な地域にある集落についても，その立地する地形や分布形態について関心を高め，さらに深く追究しようとしている。 |
| 8　個人でまとめる<br>・教師の解説を基に，沖積平野の地形の特徴を図に表す。 | | ○ | | ○沖積平野を構成する扇状地，氾濫原，三角州の特徴を，集落の分布とともに適切に表現している。 |

## (3) 授業の展開と２つの「つまずき」

　内容のまとまりである「自然環境」のうち，変動帯で見られる地形と，河川がつくる地形を対象とした授業を展開しました。いわゆる大地形と小地形の分野です。ここでは，プレートテクトニクスや河川の３作用の学習により，各地形のでき方は理解できたとしても，それらの地形の空間スケールの違いや，地形が形成される時間スケールの違いにはイメージが湧きにくいところです。実際に，その混同からくるつまずきが見られました。

### つまずき①　日本の平野は広いの？　狭いの？

　授業の導入で，日本列島がプレート境界に位置することを確認しました。プレート境界は，地殻変動や火山活動が活発な変動帯です。その変動帯に私たちは住んでいるはずなのに，身近な地域にはなぜ，高い山も深い谷もなく，平野が広がっているのだろうと疑問に思う生徒がいます。そこで「変動帯にある日本に，なぜ広い平野がある？」という課題を設定しました。

　課題の追究の過程では，地図帳や Google Earth を使い，世界の中で見た日本列島の地形の特徴を考察しました。その中で，次のような記述がありました。

---

ア　アメリカとかヨーロッパの平原は，関東平野よりもずっと広い。

イ　関東平野は，世界の中では本当は狭い平野といった方がいいのではないか。

ウ　世界の大きな平野と日本の平野では，そもそもでき方が違うのかなと思った。

---

生徒記述

　こうしたつまずきは，地形の規模を相対化できた時に生まれるもので，いわば望ましいものといえます。そこでこのつまずきを授業で取りあげ，全体に共有することにしました。

### つまずきへの対応

　考察した結果を発表する活動の中で，教師側からの補足として全体に共有しました。例えば上の【生徒記述】イに対して，安定陸塊にある構造平野の方が，変動帯にある沖積平野よりも，スケールが圧倒的に大きいことを，実例を基に説明しました。また【生徒記述】ウに対して，構造平野が１億年を越える時間をかけて形成されたものに対して，沖積平野は千年から万年といった単位の時間で形成され得るものであり，形成にかかる時間スケールがまったく異なることを説明しました。こうしたことから生徒は，「広い」や「狭い」は主観的なもので，地形の学習には客観的な視点を持つことが大切だと理解しました。

**つまずき②　集落は水を好む？　避ける？**

　授業の導入で，集落の立地に水の存在が関係していることを確認しました。それを踏まえ，学習課題として「集落と水は，どんな関係になっているか」と設定しました。

　課題の追究の段階で，ワークシートに扇状地と氾濫原の地図への着色作業をした上で，自分の考えと仮説を記入しました。その一例を右に示します。

　この例では，集落分布の理由として水を得やすいところとする一方で，氾濫原で自然堤防上に集落が立地する理由に考えが至っていません。そのため仮説も「集落は水を得られるところに立地する」としています。生徒にとって，乏水地である扇状地では用水を得やすい湧水帯，低湿地である氾濫原では水

**日本の平野の特徴をさぐるワークシート**

1. 古くからの集落を着色しましょう。

［扇状地の地図］　　　［氾濫原の地図］

2. 集落は、どのように分布しているでしょうか。
　　どちらも列状に並んでいる。

3. そのように分布する理由は、何でしょうか。
　　生活に必要な水を得られるから。

4. 集落と水の関係について、仮説を立ててください。
　　集落は水を得られるところに立地する。

を避けやすい微高地が，それぞれ集落適地として選ばれるという違いに自ら到達することが難しいようです。

**つまずきへの対応** ★

　他の生徒の発表から，集落の立地理由には水を避けることもあると思い至り，うなずいていました。そこで授業最後の個人でまとめる段階では，氾濫原が洪水の繰り返しで形成された平地であることを，身近な地域を例に説明しました。その上で，洪水の常襲地帯ならではの知恵として，微高地の自然堤防上に集落が立地したことを，自ら模式図にまとめる活動をしました。

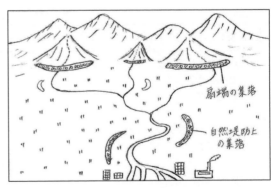

右図はその例です。こうした学習により，生徒は沖積平野とは土砂の堆積でできた地形であり，その地形は人間のくらしに大きく関わっていることを理解しました。

## (4)　授業のブラッシュ・アップ

　台地崖下の湧水帯にある集落など，他にも水に関連して立地する集落や，近年の都市化による後背湿地の宅地化に触れると，生徒にとってより実感がわくかもしれません。

（松本　穂高）

# 14

**2年**

地理探究　　自然環境：気候

## 砂漠化は，どこで起きているか。どのような対策が考えられるか

**9時間**

## (1) 授業のねらい

・乾燥帯に関わる諸事象を基に空間的な規則性や傾向性について，理解する。

・砂漠化の要因などを考察し，どのような対策が考えられるかを表現する。

## (2) 学習指導案（3〜4／9時間）

（○…評定に用いる評価　●…学習改善につなげる評価）

| 生徒の学習活動 | 評価の観点 | | | 評価規準など |
|---|---|---|---|---|
| | 知 | 思 | 態 | |
| 【第3時】<br>1　前時の復習をする<br>【指導上の留意点】<br>・前時（熱帯）の復習をした上で，本時のねらいを説明する。 | | | | |
| **課題1**　砂漠はどこにあるか。なぜ，雨が降らないのか。 | | | | |
| 2　砂漠気候とステップ気候の特徴（降水量，気温，蒸発量，植生）をワークシートに整理して理解する | | | | |
| 3　砂漠気候とステップ気候は，どこに分布するかを考え，その分布をワークシートの地図に記す | | | | |
| 4　次に3のように考えた理由をワークシートに表現する（つまずき①）<br>〈分布〉<br>・中緯度地域の大陸の内部<br>・南回帰線，北回帰線付近<br>・大山脈の風下側<br>・寒流が沿岸を流れる地域<br>〈理由〉<br>・亜熱帯高圧帯　　など | ● | | | ●砂漠気候とステップ気候は，どこに分布するかについて，それぞれの気候区の特徴を基に考え，理由を含めて表現している。<br>（ワークシート） |

| 生徒の学習活動 | 評価の観点 | | | 評価規準など |
|---|---|---|---|---|
| | 知 | 思 | 態 | |
| 【指導上の留意点】<br>・机間巡視をして，大気の循環など既習知識と関連付けて思考できているか確認する。 | | | | |
| 5 学習活動３，４で自ら考えたことをグループで発表する<br>【指導上の留意点】<br>・ワークシートに表現した個人の考えは，修正しないように指示する。<br>・発表を聞き，自ら考えたことがどのように変化したか，ワークシートに記述させる。 | | | | |
| 6 砂漠気候やステップ気候の規則性や傾向性を理解する<br><br>【第４時】 | ● | | | ●砂漠気候やステップ気候の規則性や傾向性を理解している。（ワークシート） |

| 課題２ 砂漠化は，どこで起きているか。どのような対策が考えられるか。 |
|---|

| 生徒の学習活動 | 知 | 思 | 態 | 評価規準など |
|---|---|---|---|---|
| 7 課題２「砂漠化は，どこで起きているか」について，前時で習得した知識などを基に自ら考え，ペアの相手に伝える<br>【指導上の留意点】<br>・砂漠化の定義を説明する。 | | | | |
| 8 「アフリカ以外の地域でも砂漠化が起きるとした場合，どこで起きるか」の問いに資料を読み取って，考える。また，そこで砂漠化が進行する理由を考える（つまずき②）<br>【指導上の留意点】<br>・机間巡視をして，資料を読み取ることができていない生徒に助言をする。<br>・人為的要因もあるが，ここでは，気候的要因について考察させる。 | | ● | | ●砂漠化が起きると考えた地域の気候の特徴を踏まえ，気候的要因から「どのように砂漠化が進行するか」を考察している。（観察） |
| 9 「学習活動８の地域では，どのような対策が考えられるか」の問いに自ら考え，レポートに表現する<br>【指導上の留意点】<br>・レポートは評定に用いる評価として，課していることを説明する。 | | | ○ | ○地域の気候の特徴を踏まえ，気候的要因から「どのような対策が考えられるか」の回答を表現している。（レポート） |

【資料】世界中の地域において農業及び生態学的干ばつに観測された変化の評価（一部抜粋）

○ 減少
❂ 増加

【欧州】WCE（中・西欧），MED（地中海地域）
【アフリカ】WAF（アフリカ西部），CAF（アフリカ中部），WSAF（アフリカ南西部）
　　　　　ESAF（アフリカ南東部）
【アジア】WCA（アジア中西部），ECA（アジア中東部），EAS（東アジア）
【オーストラレーシア】NAU（豪州北部），SAU（豪州南部）※減少または増加のみ掲載
（気候変動に関する政府間パネル（IPCC）第６次評価報告書より）

## (3) 授業の展開と2つの「つまずき」

　本事例は，本時までに大気の循環や熱帯を学習し，その上で乾燥帯を学習する授業として構成しました。また，乾燥帯に関わる諸事象として砂漠気候とステップ気候の特徴を知識として獲得した上で，砂漠の成因や分布を考察し，砂漠気候やステップ気候の規則性や傾向性を理解することをねらいとしました。さらに，課題2で「砂漠化は，どこで起きているか。どのような対策が考えられるか」と発問し，生徒が見通しを持ち，資料を読み取ったり考察したりしながら，社会の様々な課題に対して主体的に追究する態度を身につけるようにしました。

### つまずき①　なぜ，沿岸部に砂漠ができるのか

　学習活動3で「砂漠気候とステップ気候は，どこに分布するか」と発問し，その分布をワークシートの地図に記すように指示しました。さらに，分布と合わせてそのように考えた理由を記述させ，砂漠気候の空間的な規則性や傾向性を理解させることを目指しました。しかし，生徒は砂漠の位置（サハラ砂漠，アタカマ砂漠など）はわかるものの，その理由を大気の循環で学習した内容と関連付けて思考したり，海岸砂漠は寒流が沿岸部を流れる地域で見られることに気づいたりすることができませんでした。

### つまずきへの対応

　つまずきの原因として，亜熱帯高圧帯などの語句はわかるものの，これらがどこで，どのように起こるかなどと関連付けて理解できていないと考えました。対応として，「なぜ，沿岸部に砂漠ができるのか」と問い，生徒に地球の自転の影響で緯度20度から30度付近では下降気流となり高圧帯ができることや大気が安定するため降水が少なくなることを確認させました。次に「どこで見られるか」「どのような傾向性があるか」と問い，地図を活用して大陸西部の沿岸部で寒流が流れる地域に見られることに気づかせました。さらに，「寒流が降水にどのように影響するか」と問い，これらの地域では気温の逆転によって大気が安定して上昇気流が発生しにくいため，降水量が少なくなることを解説しました。

### つまずき②　砂漠化の要因を考える

　「砂漠化は，どこで起きているか。どのような対策が考えられるか」の問いに教師は回答の条件として，「考えた地域の特徴を踏まえて，砂漠化の気候的要因を考察し記述すること」と指示しました。下のX，Yは，生徒が回答をレポートに記述した一例です。

> 生徒X：砂漠化は大陸の内部，亜熱帯高圧帯などで進んでいる。人口増加による食料需要の増加から，植生が破壊されることによって砂漠化が進行している。その土地で植生を行い，植生を回復させる。

生徒Y：地中海地域，アジア中東部などで起きている。人口増加による食料増産のため，耕地面積が増加し，それに伴って塩害などが生じ，砂漠化が進んだ。少ない耕地面積で効率よく，多くの食物を生産できるような食物に品種改良する。

　生徒X，Yの記述から，資料を活用して砂漠化が起きている地域を考察していますが，その地域の特徴や気候的要因を考察することができていないことが読み取れます。教師は，気候的要因として気候変動や干ばつを想定していました。

### つまずきへの対応

　対応として，学習活動8の前に右図を提示し，砂漠化の人為的要因を説明しました。次に，生物資源の減少に気候的要因が関わることを説明し，この気候的要因の内容を生徒に考察させました。さらに，「その地域がどのように変化したか」と問い，砂漠化が起こる前と比較させるようにしました。このことで生徒は，「気候的要因は何に関係するか」「どのような生物資源が減少しているか」を整理して考察し，回答できるようになりました。

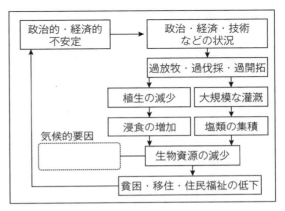

## (4)　授業のブラッシュ・アップ

　本事例では，既習知識を揺さぶる問いとして，「アフリカ以外の地域でも砂漠化が起きるとした場合，どこで起きるか」と発問し，資料としてIPCC報告書（前掲）を提示しました。資料から中東アジア，地中海沿岸，オーストラリアなどを読み取り，「地中海沿岸で砂漠化は起こるのだろうか」と次の問いにつなげ，思考を深めた生徒もいた一方で，「資料がわかりにくい」「砂漠化を考察する上で，根拠となる資料になっていないのではないか」などの意見もありました。この対応として教師が資料を追加して提示したり，「どのような資料があるとよいか」と発問し，生徒にICTを活用して情報収集させたりすることが考えられます。なお，砂漠化に関する資料は，環境庁や大学などの研究機関のWebサイトなどで収集することができます。

（窪田　幸彦）

CASE
# 15
2年

地理探究 自然環境：生態系
## 環境学的アプローチによる生態系の広がりを捉える学習

5時間

## （1）　授業のねらい

・植生・土壌と気候との対応関係を理解させる。
・身近な地域の植生分布の特徴を考察させる。

## （2）　学習指導案（4〜5／5時間）

（○…評定に用いる評価　●…学習改善につなげる評価）

| 生徒の学習活動 | 評価の観点 | | | 評価規準など |
|---|---|---|---|---|
| | 知 | 思 | 態 | |
| **第4時のねらい　植生・土壌と気候との対応関係を理解させる。** | | | | |
| 1　図を読み取る<br>・世界の植生図及び土壌図と気候分布図を重ね合わせ，読み取れることをワークシートに記入する。<br>・植生や土壌が気候帯と対応していることを確認する。 | ○ | | | ○世界の植生・土壌の分布の傾向性を図から正確に読み取れている。また植生や土壌が気候帯と対応していることを理解している。 |
| **課題1　気候が違うと，なぜ植生や土壌が変わる？** | | | | |
| 2　調べ，発表する<br>・植生と土壌のうちから一つを選び，その分布や成因を調べ，まとめる。<br>・調べた結果をお互いに発表し合う。 | | ● | | ●植生や土壌の分布と気候との対応関係に着目して，それらの空間的な規則性やその要因について，多面的・多角的に考察している。 |
| **つまずき①　土壌が赤色や白色になる理由を教師側が十分に説明できない。** | | | | |
| 3　個人でまとめる<br>・教師の解説を基に，気候と植生・土壌との関係を図に表す。 | | | ● | ●間帯土壌は気候より母岩の影響を強く受けてできたことなど，さらに深く追究したいことを述べている。 |

| 生徒の学習活動 | 評価の観点 | | | 評価規準など |
|---|---|---|---|---|
| | 知 | 思 | 態 | |
| **第5時のねらい** 身近な地域の植生分布の特徴を考察させる。 | | | | |
| 4 写真を読み取る<br>・常緑広葉樹及び針葉樹のある景観写真を<br> それぞれ見て，これらの地域の気候を予<br> 想する。<br>・植生と気候が関係していることを確認す<br> る。 | ● | | | ●景観写真を基に，広葉樹と針葉樹の違い<br> を読み取るとともに，その植生と気候と<br> の関係や，その成因について理解してい<br> る。 |
| **課題2** 身近な地域の植生は何に影響を受けているだろうか。 | | | | |
| 5 学校周辺でフィールドワークする<br>・樹木名を調査し，常緑広葉樹，落葉広葉<br> 樹，針葉樹が混在していることを把握す<br> る。<br>・自分の仮説をワークシートに記入する。 | | ● | | ●場所の違いで植生が異なる理由を，多面<br> 的・多角的に考察し，仮説を設定してい<br> る。 |
| 6 個人及びグループで仮説を検証する<br>・樹木の生育条件などの資料を収集し，筑<br> 波山の中腹になぜミカン園があるのか，<br> また寺社の境内になぜ照葉樹が密生する<br> のかなど，仮説を検証する。<br>・検証した結果をグループで話し合う。 | ● | | | ●図書やインターネットから，仮説の検証<br> に必要な情報を収集し，適切にまとめて<br> いる。 |
| **つまずき②** 気候は同じでも植生が変わる理由に気づけない。 | | | | |
| 7 まとめたことを発表する<br>・気温の違いで植生や栽培作物が変わるこ<br> とを，筑波山の例を基に理解する。<br>・身近な地域では，植生が気候や土壌より<br> 人間活動に影響を受けていると理解する。 | | | ● | ●身近な地域の生態系について関心を高め，<br> さらに深く追究しようとしている。 |
| 8 個人でまとめる<br>・教師の解説を基に，植生分布を規定する<br> 要因を図に表す。 | | ○ | | ○一般的な生態系の成り立ちを，適切に表<br> 現している。 |

### (3) 授業の展開と２つの「つまずき」

内容のまとまりである「自然環境」のうち、植生と土壌を学ぶ分野を対象とした授業を展開しました。学習指導要領では「生態系」の分野です。植生や土壌の名称とともに、それらの成因についての自然科学的理解が難しいところです。このようなつまずきは、生徒側のみならず、教師側にも当てはまります。

> **つまずき①　土壌が赤色や白色になる理由を教師側が十分に説明できない**

土壌は、実際に触れる機会も少ないためイメージしにくい内容です。そこで、用語を網羅的に説明するのではなく、一つを選んで協同で調べ、それを自分の班に持ち帰って説明する、いわゆるジグソー法を取り入れました。以下は、生徒のワークシートの記述です。

---

ア　ラトソルは熱帯に分布する土壌で、赤色なので肥沃ではない。
イ　ポドゾルは亜寒帯に分布する土壌で、白色で肥沃ではない。
ウ　ラトソルとポドゾルは、色が違うのにどちらも貧栄養なのはなぜか、疑問に思った。

---

生徒記述

> **つまずきへの対応** ★

専門家グループで調べた結果を自分の班に持ち帰って説明したところ、【生徒記述】ウのような疑問が出されました。熱帯では、降水と蒸発が多いために、養分となるカリウムなどの成分が水に溶けて川に流出し、あとには水に溶けにくい鉄分などが残ります。こうして貧栄養で赤いラトソルができます。一方、亜寒帯では蒸発が少ないため、カリウムなどの養分を溶かした水が地下深部に浸透します。その際、針葉樹の落ち葉に含まれるフルボ酸が鉄分までも水に溶け込ませるため、あとには酸に溶けにくい白色のケイ酸だけが残ります。こうして貧栄養で白いポドゾルができます。こうした内容を図に示し、整理して説明しました。

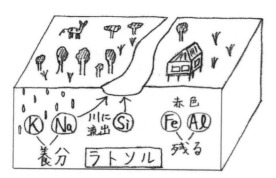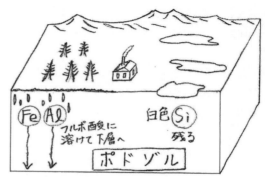

ラトソルとポドゾルを説明する教師による図

　前時では，植生が気候に対応することを確認しました。ところが身近な地域を見てみると，同じ気候のもとで多種多様な樹木が生育しています。樹木の分布から植生を一般化していくのは，モデル通りにはいかないことに生徒は気づき，混乱します。こうした自然の多様性を理解するために，環境学的なアプローチを取り，説明しました。

## つまずきへの対応

　地域に多種多様な樹木が分布する理由を，自然的な側面だけでなく，人間活動の側面からも考えさせました。例えば寺社の境内に杉やタブノキなどの常緑樹が分布するのは，そこが神聖な場所として保護されてきたからです。また筑波山の中腹にミカン園が分布するのは，そこが放射冷却で冷える平地よりも暖かいからです。冬でもごく低温になりにくいことで，ミカンが栽培されるようになったのです。こうして植生の分布は，気候や土壌を基盤としながらも，人間活動によって変わり得るものと理解できました。

学校周辺のフィールドワークで植生を観察します。樹木名の調査には，葉の写真を撮ると樹木名を教えてくれるスマホアプリを使いました。

## (4)　授業のブラッシュ・アップ

　植生分布が，自然的な側面だけでなく人間活動にも影響を受けていることをフローチャートに適切にまとめていれば，思考・判断・表現はB（おおむね満足できる）と評価できます。この評価の際，A（十分満足できる）を見取れるようにするためには，植生分布の規定要因に関する考察が質的に深まったかどうかを授業前と比較できるようにすることが必要です。例えば，授業前は「植生分布は気候で決まる」としていたものが，授業後に「身近な地域の植生は日差し，風，植栽，保全など局所的な要因で変わり得るものだから，大きな視点で捉えることが大切」とまとめていれば，A評価となるでしょう。

（松本　穂高）

## CASE 16

**16**

2年

資源・産業：農業

# とうもろこしの国際価格が変動することによって，どのようなことが起きるか

4時間

## (1) 授業のねらい

・企業的農業に関わる諸事象を基に空間的な規則性や傾向性について，理解する。

・「とうもろこしの国際価格が変動することによって，どのようなことが起きるか」「どのような対策が考えられるか」の問いに主体的に追究する。

## (2) 学習指導案（3～4／4時間）

（○…評定に用いる評価　●…学習改善につなげる評価）

| 生徒の学習活動 | 評価の観点 | | | 評価規準など |
|---|---|---|---|---|
| | 知 | 思 | 態 | |
| 【第3時】<br>1　前時の復習をする。<br>・自給的農業，商業的農業の特徴を振り返る。 | | | | |
| 課題1　とうもろこしは，どのように世界に広がったか。 | | | | |
| 2　課題1を伝播と現在の栽培地域について分けて予想し，その回答をワークシートに表現する（つまずき①） | | | ● | ●課題1に対して自らの考え，見通しを持って取り組もうとしている。【態1】 |
| 3　とうもろこしの原産地，栽培地域について，理解する<br>【指導上の留意点】<br>・とうもろこしの原産地，アメリカ大陸からヨーロッパに持ち込まれ，その後アフリカ，アジアなどに広がった。<br>・栽培地域は，熱帯から冷帯までの広い地域で生産されていることを理解させる。 | | | | |
| 4　とうもろこしの利用法，栽培方法について，理解する<br>【指導上の留意点】<br>・利用法は，食用，飼料，バイオエタノールなど多様である。<br>・栽培方法は，小規模な生産からセンターピボ | | | | |

次ページの【知1】の評価基準

| | 評価基準 |
|---|---|
| B | 資料を読み取って，栽培地域等の規則性や傾向性を理解している。 |
| C | 規則性や傾向性を理解していない。 |

B：「おおむね満足できる」状況と判断されるもの
C：「努力を要する」状況と判断されるもの

| 生徒の学習活動 | 評価の観点 | | | 評価規準など |
|---|---|---|---|---|
| | 知 | 思 | 態 | |
| ット方式による大規模な生産まであることを理解させる。 | | | | |
| 5　とうもろこしの生産量，輸出量，輸入量に関する統計資料を読み取って，とうもろこしの栽培，生産に関する空間的な規則性や傾向性をワークシートに整理する<br>【指導上の留意点】<br>・とうもろこしの利用法は多く，多様な地域で栽培，生産されていることを，ワークシートに表現できているか確認する。<br>【第4時】 | ● | | | ●とうもろこしの栽培，生産に関する空間的な規則性や傾向性を理解している。（ワークシート）【知1】 |
| 課題2　とうもろこしの国際価格が変動することによって，どのようなことが起きるか。 | | | | |
| 6　課題2について，資料と前時で習得した知識などを基に自ら考え，ペアの相手に伝える | | | | |
| 7　課題2について，自らが考えたことをグループで発表する<br>【指導上の留意点】<br>・個々の発表が終了したところで，「どのようなことが起きるか」を，国際価格が上昇したときと下降した時，生産国と消費国，輸出国と輸入国，先進国と発展途上国などのテーマや視点に分けて整理させる。<br>・グループ発表の形態は，KJ法などが考えられる。 | | ● | ● | ●課題2に対して考察し，表現したことを発表している。【思1・態2】 |
| 8　グループの意見を集約して，共通したテーマや視点で調査する<br>【指導上の留意点】<br>・ICTを活用して，情報収集をさせる。その際，情報元，出典等に留意させる。 | | | | |
| 9　「とうもろこしの国際価格の変動によって，どのようなことが起きるか。また，日本では，どのような対策が考えられるか」の問いに，自らの考えをレポートに表現する<br>【指導上の留意点】<br>・調査したことを踏まえて，表現させる。また，「どのような対策が考えられるか」の回答で評定に用いる評価を見取るため，自らの考えを表現させる。 | | ○ | ○ | ○課題2に対して，考察し，レポートに適切に表現している。【思2】<br>○「日本では，どのような対策が考えられるか」の問いに，主体的に追究しようとしている。【態3】（つまずき②） |

**【資料】穀物等の国際価格の推移**
（ドル／トン）

米　小麦　トウモロコシ　（年）
（世界銀行ウェブサイトより作成）

## （3）　授業の展開と２つの「つまずき」

　本事例は，本時までに自給的農業と商業的農業を学習し，その上で三大穀物の一つである，とうもろこしを題材に企業的農業を学習する授業として構成しました。また，生徒がとうもろこしの栽培地域の分布図や生産量，輸出量，輸入量などの資料を読み取ったり，各地域のとうもろこしの利用，消費に関する知識を習得したりして，企業的農業に関わる諸事象について空間的な規則性や傾向性を理解することをねらいとしました。また，「とうもろこしの国際価格が変動することによって，どのようなことが起きるか」と発問し，生徒に学習の見通しを持たせ，私たち日本人の食生活等にも影響を与えることから「日本では，どのような対策が考えられるか」と問うことで，主体的に追究する態度を養うことをねらいとしました。これらのねらいと指導計画を踏まえて評価の内容と場面を計画し，知識・技能と主体的に学習に取り組む態度の評価は，授業観察やワークシート，レポートの記述等を基に見取り，評価することにしました。

### つまずき①　題材の設定

　とうもろこしは，近年食用だけでなくバイオエタノールなど様々なものに利用され，需要が高まっています。需要が高まると供給を増やすために，生産国は栽培面積を広げたり，機械化や肥料・農薬等を大量使用したりして生産量を増やします。このように，とうもろこしを題材にして，企業的農業の概念的知識を獲得することを目指しました。一方で，生徒から「とうもろこしの特徴はわかったけれど，小麦や肉牛はわからない」という意見がありました。企業的農業に関する概念的知識の獲得につながっていないというつまずきが見られました。

### つまずきへの対応 ★

　本事例では授業のまとめに，「大豆の場合は，どうだろうか」「企業的農業で栽培される農作物，飼育される家畜には，どのような種類があるのだろうか。なぜ，その農作物を栽培したり，その家畜を飼育したりするのだろうか」と発問し，企業的農業に関わる他の事象を生徒に考えさせ，概念的知識の獲得につなげました。

### つまずき②　主体的に取り組む態度の評価を見取るための工夫

　本事例では，主体的に取り組む態度の評定に用いる評価【態３】をする前に，生徒の学習改善につなげる評価を見取る場面として，課題２について考えたことを発表する活動を取り入れました【態２】。教師は，発表の様子を観察し「努力を要する」状況（Ｃ）と判断される生徒に，追加すべき視点や補足すべき内容を助言するなど学習の改善を促しました。その上で評定に用いる評価【態３】を見取る手立てとして，「課題２　とうもろこしの国際価格が変動することによって，どのようなことが起きるか」「日本では，どのような対策が考えられるか」と

問い，その回答をレポートに表現するように指示しました。しかし，生徒は導入（学習活動6）で課題2の回答をワークシートに記述しておらず，まとめ（学習活動9）でレポートに表現したため，教師は生徒の考察や思考の変容を見取ったり，生徒は自らの成長を可視化して客観的に捉えたりすることができませんでした。つまり，教師が想定していた生徒の思考や態度の変容を見取る資料として，不十分なものとなりました。

### つまずきへの対応 ★

　課題（問い）に対する回答を，導入とまとめでそれぞれ生徒に記述させて，その記述から変容を見取り評価の参考とすることができるように，ワークシートの構成を変更しました。（資料参照）ワークシートは1枚（資料の量で裏表1枚となる場合もある）とし，その左上には導入で本時の課題（問い）に想定した回答を記述する枠を，右下にはまとめで本時の課題の回答を記述する枠を設けました。このことで，ワークシートから生徒が獲得した知識を活用して考察した様子や変容がわかり，評価の参考資料とすることができました。また，ワークシートは生徒が学び直しに活用できるよう資料を登載し，その資料の周囲には余白を設け，生徒が授業中にメモを取れるようにしました。記述したメモは，資料から何が読み取れたか，どのように読み取ったかなど，見方や考え方を振り返ることができるものになりました。

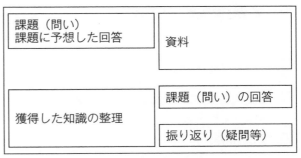

**ワークシートの構成**

## (4) 授業のブラッシュ・アップ

　農業の題材は他に「農業経営規模の国際比較」「水資源」が考えられます。例えば，「水資源」に関して，世界の水使用量は約4,000km³/年であり，分野別水使用量は農業が約7割を占め，工業，生活が約3割です。地域別の分野別水使用量と農業を関連付けると，例えば中東地域では，農業が8割以上です。「なぜ，中東地域では農業の水使用割合が高いのでしょうか」。乾燥地域である中東地域は，降水量が少ないものの一般的に日照に恵まれ水資源が確保できれば，より安定的・効率的な農作物の栽培が期待できます。このため，古くから灌漑が行われてきました。さらに「農業の水使用割合が約3割の地域がありますが，どこでしょうか」と問い，思考を深めることができます。

（窪田　幸彦）

## CASE 17

2年

地理探究　　資源・産業：工業

### どのような場所に工場をつくるのが効率がよいか

1時間

## (1)　授業のねらい

・日本の工業について，空間的な規則性，傾向性について理解させる。

・労働力指向型工業とその立地の特徴について，場所の特徴や結びつきなどに着目して，空間的な規則性，傾向性などを多面的・多角的に考察し，表現させる。

## (2)　学習指導案（1時間）

（○…評定に用いる評価　●…学習改善につなげる評価）

| 生徒の学習活動 | 評価の観点 知 | 評価の観点 思 | 評価の観点 態 | 評価規準など |
|---|---|---|---|---|
| 1　私たちの身近な工場はどのような場所に存在するかを意見として出し合う<br>【指導上の留意点】<br>　工場の規模や条件をあまり限定せず，まずは自由な発想で考えさせる。その発想を本時の工業分類とその立地につなげる。 | | | ● | ●工業の分類と立地について，見通しを持って学習に取り組もうとしている。<br>【予想される回答】<br>・原料のとれるところ<br>・交通の便のよいところ<br>・道幅の広い幹線道路沿い　など |
| 課題1　「太平洋ベルト」とは何か，なぜそこがそのように呼ばれるのか。 | | | | |
| 2　中学校で学習する日本の工業の特色のうち「太平洋ベルト」について説明する。また，そこに工業地域が集中する理由を説明する<br>【指導上の留意点】<br>　中学校において「太平洋ベルト」を全ての生徒が学習している。三大工業地帯（京浜・中京・阪神）や石油コンビナートなどのキーワードをヒントとしつつ，生徒に説明させる学習活動にしたい。また，日本の輸出入の特色や都市の分布などから，なぜ「太平洋ベルト」に工業が集中するのかを考察させるなどの学習活動が考えられる。 | ● | ● | | ●日本の工業の特色について，工業原料の多くを輸入に頼る日本では，臨海部に重工業が立地する傾向性があることについて理解している。<br><br>●日本の工業の特色について，臨海部を中心に重工業が立地する傾向性を基に，その要因を多面的・多角的に考察している。 |

| | 評価の観点 | | | 評価規準など |
|---|---|---|---|---|
| 生徒の学習活動 | 知 | 思 | 態 | 評価規準など |

**課題2　どのようなことを重視して，そこに工場が立地するのか。**

| | | | | |
|---|---|---|---|---|
| 3　資料①から，日本で使われる工業製品が東南アジア諸国等でつくられていることを読み取り，なぜ日系工場がそこに置かれるのか，なぜ日系工場はそこに移転したのかを，資料②を基にグループ等で話し合い，その話し合いの内容をまとめる<br><br>資料①：ベトナムの玩具工場の写真や記事，カンボジアのコミッククリーニング工場の写真や記事 | | ○ | | ○資料の読み取りを基に，日本の製造業が新興国等に工業を立地させる要因について，賃金水準の低さ等を重視して立地していることを考察し，表現している。 |

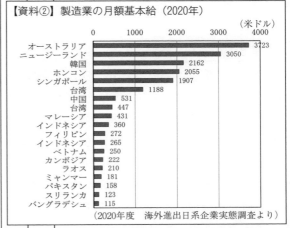

【資料②】製造業の月額基本給（2020年）

| 国 | 米ドル |
|---|---|
| オーストラリア | 3723 |
| ニュージーランド | 3050 |
| 韓国 | 2162 |
| ホンコン | 2055 |
| シンガポール | 1907 |
| 台湾 | 1188 |
| 中国 | 531 |
| 台湾 | 447 |
| マレーシア | 431 |
| インドネシア | 360 |
| フィリピン | 272 |
| インドネシア | 265 |
| ベトナム | 250 |
| カンボジア | 222 |
| ラオス | 210 |
| ミャンマー | 181 |
| パキスタン | 158 |
| スリランカ | 123 |
| バングラデシュ | 115 |

（2020年度　海外進出日系企業実態調査より）

| | | | | |
|---|---|---|---|---|
| 4　資料③から，身近な地域でも工業が行われていることを読み取り，なぜそこで長い間つくり続けることができたのか等をグループで話し合い，その内容をまとめる | | ○ | | ○資料の読み取りを基に，地場産業が，その地域に根づき，長く続いている要因について，職人の伝統的な技術が受け継がれていること等を考察し，表現している。 |

【資料③】埼玉県加須市の手描きこいのぼりを製造するH商店が閉店することを伝える記事

　全国有数のこいのぼりの産地，加須市で唯一の手描きこいのぼりを製造してきた「H商店」が2016年9月末，明治41（1908）年の創業以来，109年の歴史に幕を閉じた。現代のこいのぼりはナイロン生地に印刷されるケースがほとんどだが，Hさんはあえて木綿地に顔料で色付けする手描きにこだわった。Hさんは「市内のこいのぼり製造は3軒に減るが，これだけまとまってあるところは他になく，こいのぼりのまちは続く。今はものすごく寂しいが，今後はこいのぼりの歴史や楽しさなどを伝えていきたい」と話していた。

【本時のまとめ】

| | | | | |
|---|---|---|---|---|
| 5　資料①，資料③から，いずれも労働力を重視した工業について，低賃金によるものと，高度な技術によるものとがあることを理解する。労働力以外で，工場は何を重視して立地するのか考える | ● | | ● | ●労働力指向型工業について，立地の規則性や傾向性を理解している。<br><br>●工業の立地について，さらに調べたいことを整理し，今後の学習に意欲的に取り組もうとしている。 |

## (3) 授業の展開と２つの「つまずき」

### つまずき①　社会的事象の地理的な見方・考え方に立ち返る

　本時の主題となる「工業の分類とその立地」について，教科書通りにそのまま授業を進めてみたところ，原料，市場，労働力，交通など立地傾向を順に並べて，日本の分布からその傾向を読み取らせる，いわゆる知識ベースの定番パターンの展開となりました。生徒は，丁寧に日本の工業の立地に関する分布図を読み取り，授業プリントを埋めていますが，「秩父セメント」「京葉コンビナート」「シリコンアイランド」など地名の羅列的な穴埋めとなり，何か足りない感じがします。

### つまずきへの対応

　地理を専門職とする教師にとって，「工業立地」は定番の学習事項です。であればこそ，教師の「教科書を教える」ではなく「教科書で教える」技術を，この分野では特に求めたいものです。この分野では，学習指導要領で求められている「『主題』や『問い』を中心に構成する学習の展開」を実践しやすく，すなわち「問い」を立てやすい分野です。本時のタイトル「どのような場所に工場をつくるのが効率がよいか」は，「どこにどのようなものがどのように広がっているのか……そうした地理的事象がなぜそこでそのように見られるのか……」といった社会的事象の地理的な見方・考え方を働かせ，課題を追究したり解決したりする学習活動そのものです。ここを，教科書記述の知識の穴埋めと分布図の読み取りのみで展開してしまうのはあまりにもったいない気がします。

　「工場が何を重視してどこに立地するか」の思考を繰り返すことで，例えば「なぜここに保育園が開園したのか」「なぜこのバス路線は朝夕しか通らないのか」「どこに避難所が必要か」など，得た概念を活用して，今後のあらゆる地理的事象を探究（構想）する学習活動に応用され，将来的な学びに向かう力へとつながります。地理探究の目標の一部に掲げられている，社会的事象の地理的な見方・考え方に立ち返り，「主題」や「問い」を意識した授業展開を意識してみてはいかがでしょう。

### つまずき②　生徒のユニークな思考を大切した授業展開に

　例えば，「MADE IN VIETNAM」と記載された，ある玩具メーカーの電車のレールやミニカーなどの実物を見せ，日本の玩具が東南アジアで製造されていることを理解させます。実物を使うことで，生徒の興味・関心が高まり，想定内の授業展開に持ち込めていることを実感しました。ただ，そんな授業展開の時ほど，生徒から想定外の発見や教師側も気づけなかった読み取りが，グループの話し合いで突如飛び出します。

【資料①】「カンボジアのコミッククリーニング工場の写真」を基に話し合うＸグループ

生徒Ａ：ところで，日本の漫画喫茶やスーパー銭湯に置かれているコミックを，なぜわざわざカンボジアに運ぶ必要があるのかな？

生徒Ｂ：日本のアニメは世界でも人気だよね。だからカンボジアでも日本の漫画が好きなんじゃないかな。

生徒Ａ：でも，日本の漫画喫茶に置かれているコミックをきれいにする仕事なわけだから，当然日本語で書かれたコミックでしょ。

生徒Ｂ：カンボジアで働く人たちには，たぶんイラストしか分からないよね。つまり……。


【資料②】「製造業の月額基本給（2020年）」を基に話し合うＹグループ

生徒Ｃ：ベトナムやカンボジアは確かに低賃金だよね。

生徒Ｄ：ところで，韓国，ホンコン，シンガポール，台湾が比較的高賃金だね。

生徒Ｅ：この４つの国と地域，確か「アジアNIEs」だよね。

生徒Ｄ：「アジアNIEs」は経済が成長してだいぶ賃金が高くなっているね。

生徒Ｃ：ということは，ベトナムやカンボジアもこれから成長して何年かすると，だいぶ賃金は上がるんじゃない？

生徒Ｅ：これからの日系企業はバングラデシュが狙い目ってこと……。

生徒Ｄ：でも賃金だけで企業をどこにするかは決めないと思うけどね。


## つまずきへの対応

　資料①，資料②からは，低賃金労働力を見出させることを主なねらいとしています。しかし，話し合いにおいて，**Ｘグループ**では，カンボジアの労働者は日本語を読めないため，むしろ労働効率が上がり，クリーニングの作業を進めやすいのではないか，という低賃金労働力とは別の視点を見つけました。また，**Ｙグループ**では，「アジアNIEs」に着目して，1970年代に日本などからの資本や技術を導入して経済成長した経緯を理解した上で，「人件費の安い地域に生産拠点は移っていく傾向がある」ことに気づきました。なお，資料③からは，「都市を中心にマンション住まいが増えたことで，こいのぼりが揚げられず，購入者が減ったことも閉店の一因ではないか」と考える生徒も想定できます。

　「地理探究」では，見方・考え方が備わりつつある生徒から，想定外の思考も望まれます。そのような貴重な思考を，本時のねらいにはないとしてたたんでしまうのではなく，場合によっては「主体的に学習に取り組む態度」として，評価規準に付け加えるなどの教師側の柔軟さも求められます。

（増田　圭司）

## CASE

# 18

**2年**

地理探究　　交通・通信：交通

## なぜ国によって交通機関の利用割合が違うのだろうか

**1時間**

### (1)　授業のねらい

・船や鉄道など，それぞれの交通機関の長所と短所を理解させる。
・国によって旅客輸送に占める交通機関の割合が異なる背景を，人口密度や地形などの国土の違いから推察する。
・私たちの暮らしを支える交通についての興味と関心を高める。

### (2)　学習指導案（1時間）

（○…評定に用いる評価　●…学習改善につなげる評価）

| 生徒の学習活動 | 評価の観点 | | | 評価規準など |
|---|---|---|---|---|
| | 知 | 思 | 態 | |
| 1　交通機関の長所と短所<br>　　船，鉄道，自動車，航空機の長所と短所を理解する<br>【指導上の留意点】<br>　それらが登場したおおよその時期にも着目させる。 | ○ | | | ○それぞれの交通機関の長所と短所を理解しているか。<br><br>　鉄道や飛行機の登場や自家用車が普及する時期は他の単元や歴史でも活用できる知識なのでしっかり理解させる。 |
| 2　日本，アメリカ，ドイツの国内旅客輸送の内訳を読み取らせる | ○ | | | ○参考資料① |
| **課題1**　アメリカやドイツに比べて日本の国内旅客輸送では鉄道の割合が大きい。その理由をグループで話し合って考えてみよう。 | | | | |
| 3　日本の鉄道の国内旅客輸送の内訳が米・独と比べて高い理由をグループで考察する（つまずき①）<br>【指導上の留意点】<br>　資料単位は，何人の人が何km利用したのかを示している。例えば2人が30km利用したとなると2人×30km＝60kmとなることを | | ● | | ●地図帳で日・米・独の国土条件の違いや，統計で人口密度を把握するなど，様々なデータを総合して考察している。 |

| 生徒の学習活動 | 評価の観点 | | | 評価規準など |
|---|---|---|---|---|
| | 知 | 思 | 態 | |
| 解説する。 | | | | |

課題2　日本とドイツの船舶による国内貨物輸送とは具体的にどのような形態なのかを考えさせる。

| 生徒の学習活動 | 知 | 思 | 態 | 評価規準など |
|---|---|---|---|---|
| 4　日本とドイツの国内貨物輸送の内訳を読み取り，両国の船舶輸送の違いを話し合わせる（つまずき②）<br>【指導上の留意点】<br>　難しいようであれば，生徒と対話しながら考察を深めさせる。時間の関係から，パイプラインについては簡素な解説に留める。 | | ● | | ●地図帳で両国の国土を比較させながら考察している。<br>・参考資料② |
| 5　日本でかつて盛んであった河川での舟運について調べてレポートにまとめる<br>【指導上の留意点】<br>　過去の舟運について知らない生徒も多いと思われるため，かつて学校周辺地域で行われていた事例を少しだけ紹介し，調査意欲の呼水としたい。 | | | ○ | ○長期休業中を利用して調査し，レポートにまとめて提出する。 |

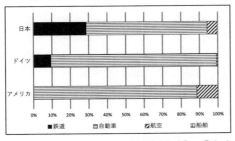

①日本，ドイツ，アメリカの国内旅客輸送の内訳　単位（億人・km）

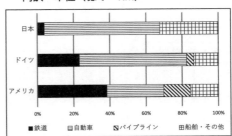

②日本，ドイツ，アメリカの国内貨物輸送の内訳　単位（億t・km）

参考資料（①，②とも2009年国土交通省資料より）

## (3)　授業の展開と2つの「つまずき」

### つまずき①　日本の国内旅客輸送で，鉄道の割合が大きい理由

　国によって交通機関の割合が違っているのは，地形や気候といった自然条件や政策といった社会条件が異なるからです。日本は国土の約7割が山地で，多くの人々が残る3割の平地や台地に暮らしています。そのため平地や台地の人口密度は高くなっており，旅客面においては，一度に大量の人々を運ぶことができる鉄道輸送が適しているのです。

　まず日本全体の人口密度はアメリカやドイツと比較しても高いということを実感させます。そこでGoogle Earthで衛星写真を見せたり，その「Voyager」機能の中の，「自然」>「夜の地球」を利用して３ヵ国の夜の明かりを比べれば，直感的に人口密度の大小を把握できるはずです。なおこの時，話は脱線してしまいますが，朝鮮半島の南北の明かりの差を比較させてもよいかもしれません。

　次に日本では新幹線，ドイツではICEという高速鉄道が発達しており，鉄道による長距離旅客輸送が活発であることも確認しておきます。ちなみに日本の新幹線は1964年の東京オリンピックの開会に間に合わせて開業したものですが，この頃すでに欧米諸国ではモータリゼーションが進展し，この期に及んで日本が高速鉄道を建設することは時代遅れも甚だしいと冷ややかな視線を投げかけていました。しかしその後，新幹線の利便性や安全性が高く評価されるようになり，高速鉄道への認識が改められるようになりました。つまり日本の新幹線が成功したからこそ，フランスのTGVやドイツのICEが建設されたといっても過言ではないのです。なお，現在高速鉄道路線が最も拡充しているのは，急速に経済成長を続けている中国です。

## つまずき②　日本とドイツの国内貨物輸送の内訳での船舶輸送の違いを考察する

　統計の数字を見ただけでは，ドイツは海に面しているため沿海諸都市を結ぶ海運が発達していると考えがちです。ここでライン川の舟運などが想像できればよいのですが，内陸河川の舟運は現代の日本ではあまり見られないものですので，生徒たちはなかなか思いつきにくいのが実情です。そこで以下のような対話を行い，生徒の気づきを促しました。

教　師：日本の貨物輸送で船舶って，具体的にはどんな感じだと思いますか？

生　徒：沖縄にものを運んだりとか，佐渡島とか，島に物を運ぶ。

教　師：そうですね。両方の島にも空港はあるけれど，重たくて大きなものとか急ぎじゃないものは船で運んでいますよね。でも離島との輸送だけでしょうか？

生　徒：……。

教　師：ではPCを出してMarine Trafficを検索してみてください。画面が出てきたら瀬戸内海を探してくださいね。次に瀬戸内海を航行する船をクリックすると船名や行き先などがわかります。

　　　　〜しばらく自由に操作させて，適宜巡回してPCの操作などを指導〜

教　師：Aさん，何か印象に残った船などはありましたか？

生　徒：タンカーとか多くて，あと資料集とかに載ってるタンカーより小さいものが多い。

教　師：大きさに気づいたのはすごいです。資料集に載ってるのは産油国から日本に運んでくる超大型タンカーで，瀬戸内海の小さなタンカーはコンビナートとかにある精油所から日本各地に，いってみればデリバリーしている船なんですね。
では今度はドイツに地図を移動させてみてください。

　　　　　～しばらく自由に操作させて，適宜巡回してPCの操作などを指導～

教　師：Bさん，何か気づいたことはありますか？　さっき呟いていたことを大きな声でいってください。

生　徒：内陸の川にも船がいっぱいある。

教　師：そうですね。いいところに気づきましたね。この船の列になっている所は地図帳を見ればわかると思いますがドイツを流れるライン川です。ということは，沿海部の，つまり海沿いの都市を結ぶ船もあるけれど，ライン川などの河川の舟運も盛んだってことですよね。ところでライン川から外れたところにも船のマークがありますよね。Cさん，これは何でしょうか？

生　徒：支流？

教　師：そうですね。その通り。本当はね，運河を通っている船を見せたかったんですが，う～ん，見つからないなぁ……。ではその運河ってどんなものか見てもらいます。このQRコードを読み取ってください。Google Earthが起動してドイツ北部の街に飛びます。

　　　　　～しばらく自由に操作させて，適宜巡回してPCの操作などを指導～

教　師：こんな感じでドイツには内陸部にも運河があったりして舟運が盛んなんですね。ではどうして日本はそれを真似しないんでしょうか？　今度は資料集の河川縦断勾配と河況係数のグラフを見てください。D君どうですかね？

生　徒：ドイツの川は緩やかで日本は急。あと川の水の量がドイツはあんまり変わらない。

教　師：完璧な答えですね。ドイツは台風も来ないし梅雨もないからね。高い山もあることはあるんだけれど，そこから海までの距離が遠いから川の流れが緩やかなんです。


## (4)　授業のブラッシュ・アップ

　日本の川は急流でしかも水量の変化が激しいため舟運にはあまり向いていません。しかしかつては筏などが流されていましたし，低平な平野では物資の輸送に船が利用されてきました。江戸時代に栄えた町の多くが舟運が可能な河川沿いであったことなど，時間軸を過去に少し戻してみると各地に舟運を利用した歴史が残っていることに気づくはずです。それらについて調べてまとめたものを提出させ，これを主体的に学習に取り組む態度の評価としたり，授業でプレゼンテーションさせてもよいのではないかと思っています。

（柴田　祥彦）

## CASE 19
### 2年

地理探究　交通・通信：通信

**世界中の人たちがインターネットにアクセスできる社会の実現のためには**

2時間

## (1)　授業のねらい

・世界中の人たちがインターネットにアクセスできる社会を構想する。

・学んだことを別の場面でも適切に活用できるようにする。

## (2)　学習指導案（2時間）

（○…評定に用いる評価　●…学習改善につなげる評価）

| 生徒の学習活動 | 評価の観点 | | | 評価規準など |
|---|---|---|---|---|
| | 知 | 思 | 態 | |
| 【第1時】 | | | | |
| 課題1　国際電話やインターネットでのやりとりが可能なのはなぜだろうか。 | | | | |
| 1　国際電話やインターネットでのやりとりが可能なのはなぜか，数人のグループで予想し，発表する<br>【指導上の留意点】<br>　あくまでも予想することが大事で，アイスブレイクに近い目的で実施する。（つまずき①） | | | ● | ●仲間とともに学ぼうとする積極的な姿勢が見られる。<br>【予想される回答】<br>・電波塔がつながっているから<br>・通信衛星で結ばれているから<br>・海底ケーブルで結ばれているから　　など |
| 課題2　海底ケーブル網の偏在を確認しよう。 | | | | |
| 2　Submarine Cable Map（https://www.submarinecablemap.com/）を見て，海底ケーブルが集中している地域を確認する | | | | ○海底ケーブルが集中している地域を読み取ることができる。<br>【予想される回答】<br>・アジアー北アメリカ間<br>・北アメリカーヨーロッパ間　　など |
| 3　海底ケーブル網が偏在しているのはなぜか，グループで予想する<br>【指導上の留意点】<br>　明確な答えのない問いに挑もうとする姿勢を評価したい。一見，突拍子もないような答えでも，そこから本質につながることもあるし，授業が大いに盛り上がる可能性がある。<br>（つまずき②） | | ○ | | ○小中学校で学んだ知識なども総動員して考えようとしている。<br>【予想される回答】<br>・経済活動が活発な地域だから<br>・人口が多い地域だから　　など |

| 生徒の学習活動 | 評価の観点 | | | 評価規準など |
|---|---|---|---|---|
| | 知 | 思 | 態 | |
| 【第2時】 | | | | |

| 課題3　インターネット普及率の違いとその要因を考えよう。 |
|---|

| 生徒の学習活動 | 知 | 思 | 態 | 評価規準など |
|---|---|---|---|---|
| 4　インターネット普及率の階級区分図を見て，気づいたことをあげる<br>【指導上の留意点】<br>　ITU の Web サイトには国別のデータが公表されているので，GIS を用いて階級区分図を自作してもよい。(p.93「4　授業のブラッシュ・アップ」へ) | ○ | | | ○インターネット普及率の高低を国ではなく，地域のまとまりで説明しようとしている。<br>【予想される回答】<br>・普及率は北アメリカやヨーロッパで高く，アフリカは低い　　など |
| 5　インターネット普及率の高低と関係している要因は何か予想する<br>【指導上の留意点】<br>　おおよそ答えが出尽くしたところで，一人あたり GDP の階級区分図を提示し，両者の間に相関があることを説明する。 | | ○ | | ○理由が明確に示されている。<br>【予想される回答】<br>・経済規模や所得水準（一人あたり GDP やGNI）と関係しているのではないか<br>　　　　　　　　　　　　　　　　　　　　　　など |

| 課題4　世界中の人たちがインターネットにアクセスできる社会の実現のためには？ |
|---|

| 生徒の学習活動 | 知 | 思 | 態 | 評価規準など |
|---|---|---|---|---|
| 【本時のまとめ】<br>6　これまでの学習を踏まえて，世界中の人たちがインターネットにアクセスできる社会の実現のためにはどうしたらよいか構想し，各自で文章にまとめる<br>【指導上の留意点】<br>　与えられた資料を読み込んで，それに基づいて考えることの重要性を伝えたい。 | | ○ | | ○課題2と3で学習した内容を踏まえてまとめられている。<br>【予想される回答】<br>・インターネットの普及が遅れている途上国への支援，たとえば海底ケーブルの複数敷設や陸上通信設備局の整備が必要である　　など |
| 7　4つの折れ線グラフから，途上国の携帯電話の普及率の推移にあてはまるものを選んで答える（宿題）<br>【指導上の留意点】<br>　ここでは宿題としたが，定期考査で出題してもよい。学んだ知識をそのまま出題してもよいが，別の場面でも運用できるかを問うことは重要である。(つまずき③) | | ○ | | ○授業での学びと，幅広い知識を総合的に結びつけて思考し，判断している。 |

## (3) 授業の展開と３つの「つまずき」

### つまずき①　「グループで話し合いなさい」はなかなか難しい

　多くの先生方がグループ学習に取り組んでいることと思います。しかし，話し合いが低調だったり，無言のまま時間だけ経過したりすることは決して珍しいことではありません。こうした状況が続くと，私たち教師も次第にやる気や自信を失い，平板な授業展開になりがちです。

### つまずきへの対応

　そんな時は，授業のはじめに「アイスブレイク」を取り入れることをお勧めします。アイスブレイクとは，場の雰囲気をなごませるために行う様々な活動のことです。ここでは，「国際電話やインターネットでのやり取りが可能なのはなぜだろうか」という明確な答えがないような問いについて，みんなで意見を出し合うことによって，発言しやすい雰囲気をつくろうとしています。クラスの状況によっては，この問いの前に「最近，動画サイトで面白いと思った番組はある？」など，インターネットや携帯電話と関連した誰でも答えられて，しかもその答えから話がふくらむような問いを投げかけてもよいかもしれません。

### つまずき②　生徒の自由な発想を授業展開に活かす

　実際の授業では，生徒の突拍子もない答えにどう返したらよいか困ることがあります。しかし，そんな時，生徒とのやり取りを通じて，本質に近づけていくことができる時もあります。こうしたやり取りは，自由に発言できる雰囲気をつくり出すとともに，やりとりを聞いている生徒にとってもわかりやすいのではないでしょうか。

### つまずきへの対応

　例えば，「南半球で海底ケーブルの数が少ないのは，海洋面積が広いからではないか」と答えたグループとのやり取りを紹介します。

教　師：南半球は北半球に比べて海洋面積が広いことをよく知っていましたね。ところで，どうして海洋面積に注目したんですか？

生　徒：陸地の間隔が広いと，海底ケーブルを引けないからかなって思ったんです。

教　師：なるほど……。海が広いということは陸地が少ないわけですが，陸地が少ないということから何か連想できませんか？

生　徒：なるほど！　人口が少ないかもしれません。ということは，通信の需要も北半球に比べると少ない可能性がありますね。

教　師：いいところに気づきましたね！

テーマ学習で困ることの一つに，定期考査などの評価問題の作成があります。図表の作成に手間がかかることや，どの部分を問うか（空欄をつくるなど）悩むことになります。

## つまずきへの対応

そこで，宿題や定期考査では，授業での学びが別の場面でも活用できるか確かめる問題も有効かもしれません。教師が何を目標としているのかについて，宿題や定期考査を通じて間接的に生徒に伝えることによって，単純な暗記には留まらない深い学びへとつなげていくことができるのではないかと考えています。

【問題】右図は固定電話と携帯電話の普及率の推移を先進国と発展途上国にわけて示したものである。折れ線の凡例の形（四角・丸）は先進国・発展途上国のいずれかを示し，凡例の色（白・黒）は固定電話・携帯電話のいずれかを示している。発展途上国の携帯電話の普及率にあてはまるものを，図中のア〜エから選んで答えよ。

（正解：エ）

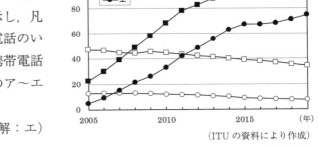

（ITUの資料により作成）

## (4)　授業のブラッシュ・アップ

現在，多くの統計データがインターネット上で公開されており，『国勢図会』などの統計書の原典を入手することが容易になりました（FAOなど）。インターネット普及率や一人あたりGDP（GNI）の階級区分図は，多くの教科書や地図帳に掲載されていますが，GISを用いると階級区分値を操作したり，2つの地図を重ね合わせたりすることが自由にできるようになります。

（加藤　一郎）

下のサイトには，本授業の流れをまとめたスライド（Google Slides）やWeb-GIS（MANDARA JS）の情報を掲載していますので，ご覧ください（2021年12月31日現在）。

＊通信に関する「地理総合」の教材（著者作成のWebサイト）

https://seifu.sakura.ne.jp/chiri_mondai/#tsuushin_kyouzai

また，下のサイトには，本授業で使用した資料や評価問題を掲載していますので，ご覧下さい（2022年5月7日現在）。

＊通信に関する教材（著者作成のWebサイト）

https://seifu.sakura.ne.jp/324/2022/chiri/#dai_1shou

CASE
# 20
2年

地理探究 　人口，都市・村落

## なぜ，A国は首都の移転を計画しているのか

3時間

## (1)　授業のねらい

・都市に関わる諸事象を基に空間的な規則性や傾向性について，理解する。
・発展途上国の都市の発達の要因や課題の解決に向けた取り組みなどを考察し，表現する。

## (2)　学習指導案（1〜2／3時間）

（○…評定に用いる評価　●…学習改善につなげる評価）

| 生徒の学習活動 | 評価の観点 | | | 評価規準など |
|---|---|---|---|---|
| | 知 | 思 | 態 | |
| 【第1時】<br>1　集落と都市について理解する<br>【指導上の留意点】<br>・集落と都市について，説明する。<br><br>2　「集落は，どのようなところに立地しているのか」の問いについて，考える<br>【指導上の留意点】<br>・自然条件として地形，水利，日当たりなど，社会条件では，生産活動，交通などがあることを確認する。 | | | | |
| 課題1　都市は，どのようなところに成立しているのか。 | | | | |
| 3　都市は，どのようなところに成立しているのかを，資料を読み取って表現する<br>（つまずき①）<br>【指導上の留意点】<br>・都市の分布を自然条件や社会条件から考えさせる。 | | | ● | ●都市の空間的な規則性や傾向性について，追究しようとしている。<br><br>【資料①】大都市の分布（教科書等を参照） |
| 4　都市の分布等について，規則性や傾向性を理解する<br>【指導上の留意点】<br>・課題1の問いに対する回答をワークシートに記述させ，確認する。 | ○ | | | ○都市の分布等について，規則性や傾向性を適切に表現している。<br>（ワークシート） |

| 生徒の学習活動 | 評価の観点 | | | 評価規準など |
|---|---|---|---|---|
| | 知 | 思 | 態 | |

【第2時】

| 課題2　なぜ，A国は首都の移転を計画しているのか。 |
|---|

| 生徒の学習活動 | 知 | 思 | 態 | 評価規準など |
|---|---|---|---|---|
| 5　課題2について，次の資料を参考にして考える | | | ● | ●問いに対して，見通しを持って主体的に追究しようとしている。 |

| 【資料②】A国の都市人口の上位5都市と人口数（2018年） | 【資料③】A国と日本の都市人口割合の推移 |
|---|---|

（千人）
15000
10000
5000
0
首都　a　b　c　d
（国連資料より作成）

100（%）
80
60
40
20
0
1980　1990　2000　2010　2020
A国　　日本
（国連資料より作成）

【指導上の留意点】
・資料②を基に，首都や首都がある島に人口が集中していることを説明する。
・資料③から，農村から都市への流入が増えているのではないかなどを考察させる。

6　「なぜ，A国は首都に多くの人々が集まるのか」の問いについて考える
【指導上の留意点】
・農村から都市への人口移動の理由（Push型，Pull型）を，考察し，表現させる。

| 生徒の学習活動 | 知 | 思 | 態 | 評価規準など |
|---|---|---|---|---|
| 7　「A国の首都は，どのような都市問題が起きているか。首都の移転はすべきか」の問いについて考え，グループで発表する（つまずき②） | | ● | | ●問いに対して，考察し，表現している。 |

【指導上の留意点】
・机間指導をして，生徒の発表を確認し，適宜，指導や助言をする。

| 生徒の学習活動 | 知 | 思 | 態 | 評価規準など |
|---|---|---|---|---|
| 8　課題2の問いに対する回答を表現する。また，グループで発表したことも関連付けて，自分の考えがどのように変容したか，ワークシートに表現する | | ○ | | ○発展途上国の都市の発展の要因や課題の解決に向けた取り組みなどを考察し，表現している。（ワークシート） |

【指導上の留意点】
・学習活動5の時に考えた回答と比較して，どのように変化したか，振り返らせる。

9　先進国の場合はどうか（【第3時】につなげる問い）の問いについて，思考する

## (3) 授業の展開と２つの「つまずき」

　本事例は，単元「集落と都市」の一部であり，第１時は集落と都市に関する知識を獲得させ，第２時では発展途上国の都市の発展に見られる課題を見出してその解決に向けて多面的，多角的に考察させる授業として構成しました。また，集落と都市に関する諸事象として，地図などの資料と関連付けて考察させ，空間的な規則性や傾向性を理解させることをねらいとしました。さらに発展途上国の都市を題材に「なぜ，Ａ国は首都の移転を計画しているのか」と発問し，社会との関わりを意識して課題を追究させました。評価については，生徒の学習状況を見取る手立てとして生徒がこれらの活動を通して考察し，表現したワークシートを活用して評価することにしました。

### つまずき①　都市の成立を自然条件と社会条件から考える

　「集落は，どのようなところに立地しているのか」の問いに生徒は，身近な地域や生活を手掛かりに住みやすいところ，住みやすい条件を考え，回答することができました。一方で，「都市は，どのようなところに成立しているのか」の問いに，生徒は「沿岸部にある」「工場があるところ」などと回答し，多くは都市の成立と自然条件や社会条件を関連付けて考察した上で回答することができませんでした。

### つまずきへの対応

　社会条件は各都市で歴史的要因や外的要因などが異なるため，生徒は規則性や傾向性を見出しにくいのではないかと考えました。対応として，はじめに教師がある都市を例示して解説し，次に「都市は，どのようなところに成立しているのか」と発問しました。生徒が都市を自由に選び，その都市の成立を自然条件や社会条件を関連付けて考察するという，つまり習得した考え方を活用して追究する授業の展開にしました。

　例えば，京阪神地域を題材に都市の成立を考えます。右の資料のWebサイト（今昔マップon the web）を利用し，明治43年と現在の地図を比較して，大阪の位置を自然条件から見たり，大坂城と城下町，神戸と堺の港町を歴史的背景と関連付けたり，資料の旧版地形図の年度を変えながら，京阪神地域の工業化の歩みと都市の発達を関連付けたりして，社会条件から見たりすることが考えられます。

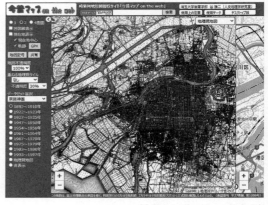

（今昔マップon the web より）

　次の会話は,「A国の首都では,どのような都市問題が起きているのか。A国は首都を移転すべきか」の問いについて,あるグループが討議をしている場面です。

生徒X：資料②から,A国では首都に多くの人々が集まっていることがわかるよ。

生徒Y：首都では住宅不足や交通渋滞などが起きていそうだね。

生徒Z：これらを解消するために新たに都市を整備して,そこに首都を移転すればいいんじゃないかな。

生徒X：ブラジルの首都ブラジリアも計画的に都市を整備して首都を移転したって学習したことがある。A国も首都を移転すべきだと思うな。

生徒Y・Z：そう思う。

　このグループはA国の課題を考え,既習知識を活用して一つの意見にまとめました。しかし,会話の内容からこのグループは一面的な見解で議論が進められ,他者の意見を取り入れたり吟味したりする,いわゆる多面的,多角的な考察をして意見を集約したとは言い難い議論となっています。

### つまずきへの対応

　つまずきへの対応として,「首都を移転すべきか」の問いを,「首都の移転に対して,A国では賛成と反対の意見があります。どのような意見があるか,立場を踏まえて考えてみよう」の問いに変更しました。生徒に立場(政府,国民,首都の住民,首都以外の住民など)を踏まえて考察させたことで,生徒は自分事として意見を考えたり,公正さに気づいたりして,多面的,多角的な考察に発展することができました。また,生徒から「首都移転には,どれくらいの金額(税金)が必要になるのか」などの疑問が出され,教師は新たな資料を提示しました。そこから,「首都機能のみを移転するのはどうか」など新たな意見につながり,議論を深めることができました。

## (4)　授業のブラッシュ・アップ

　A国(インドネシア)を事例に学習し,都市と都市問題に関する概念的知識を獲得したところで,すでに首都(機能)を移転した国の事例(ブラジル(一括移転),韓国(分散移転)など)を検証して,改めてA国の首都移転を生徒に考えさせることもできます。

(窪田　幸彦)

CASE

# 21

2年

## なぜ世界各地で民族的な対立や紛争が起こるのか

3時間

### (1) 授業のねらい

・民族的な対立や紛争の原因について，空間的相互依存作用や地域などに着目して，多面的・多角的に考察し，説明することができる。

・「民族」という言葉の概念について理解する。

### (2) 学習指導案 (3時間)

（○…評定に用いる評価　●…学習改善につなげる評価）

| 生徒の学習活動 | 評価の観点 | | | 評価規準など |
|---|---|---|---|---|
| | 知 | 思 | 態 | |
| 【第1時】<br>1　世界の多様な民族と宗教<br>・世界の多様な民族<br>　（略）<br>・世界の多様な宗教<br>　（略） | ● | | | ●中学校社会科地理的分野や「地理総合」での学習を振り返り，世界には多様な民族や宗教があることを理解している。 |
| 【第2時】<br>2　民族紛争の原因は何か<br>・映像VTR（世界各地の紛争の様子を伝えるニュース映像など）を示して，どう思うか，グループで意見交換する。 | | | ● | ●世界各地の紛争について，主体的に追究しようとしている。 |
| **課題1**　なぜ，世界各地で民族的な対立や紛争が起こるのだろうか。 | | | | |
| 【指導上の留意点】<br>・仮説をワークシートに書くなど，まずは個人で要因について考える。 | | ● | | ●民族的な対立や紛争が起こる要因について仮説を立て，自分の言葉で表現している。 |
| ・対立や紛争がどのような地域で起こっているか，地図帳や教科書，資料集などの主題図から読み取って，課題2について，問いを持つ。 | | ● | | ●資料を基に，民族的な対立や紛争が頻繁に起こっている空間的な共通性に気づいている。 |
| **課題2**　なぜ，国境付近や国の周辺部が多いのだろうか。 | | | | |
| 【指導上の留意点】 | | | | |

| 生徒の学習活動 | 評価の観点 | | | 評価規準など |
|---|---|---|---|---|
| | 知 | 思 | 態 | |
| ・仮説を考え，クラス全体で共有した後，次の①〜⑤を確認する。<br>①国境を巡る領土問題としての紛争<br>②1つの民族が国境によって分断されている紛争<br>③国内において多数派と少数派となり周辺部の少数派が政治的に主張したり，独立を求めたりしている紛争<br>④それらのいくつかが複合している紛争<br>⑤その他の要因<br>・自分が調べてみたい対立・紛争を1つ取りあげ，その対立・紛争が①〜⑤のうちどれに当たるか，グループのメンバーに，それぞれ調べた対立・紛争の要因とともに説明する。 | | ○ | | ○民族的な対立や紛争の要因について調べ，考察し，①〜⑤を基に，説明している。 |

【第3時】
3 「民族」とは何か

| **課題3** 「○○人」という言葉の使い方を考えよう。 |
|---|

| 生徒の学習活動 | 評価の観点 | | | 評価規準など |
|---|---|---|---|---|
| | 知 | 思 | 態 | |
| ・「○○人」の○○に入る言葉を書き出して整理する。<br>・よくない使い方，よい使い方，それぞれについて考える。<br>・よい時，よくない時，両方に共通して「○○人」という言葉を使う時は，どういう時に使うか，考える。<br>・スポーツ選手などを例にあげ，「○○人」に当てはまらない人がいないか，考える。<br>・文章（小学校の道徳教材「同じ仲間だから」にある，「よし子」から「とも子」への手紙）（略）を読み，それぞれ思ったことをグループで交流する。<br>・「民族」という言葉について，どういう意味や働きを持っているかまとめる。<br>【指導上の留意点】<br>・教室の生徒の構成や状況などに十分配慮して，授業を行う。 | | ○ | | ・場所：国名・県名・地域名など<br>　色：白・黒・黄など<br>・特徴や出身を表したり比べたりする時に使う。しかし，そうである人も，そうでない人もいる。<br>○「人種」，「民族」という言葉は，つくられた概念であること。「民族」といっても「国民」や「人種」，エスニシティ（例えば，「われわれは○○を共有する仲間だ」という共通した自発的な意識を持つ集団）に置き換えられるし，固定的なものではないこと。また，異質なものとして区別したり，排除したりする際に使われたりするということ。一方で，マイノリティにとって，自分たちの独自性，誇りなどを主張する際に必要な旗印となることなどを考察し，説明している。 |

| **課題4** どうしたら民族紛争を解決することができるか，考えよう。 |
|---|

| 生徒の学習活動 | 評価の観点 | | | 評価規準など |
|---|---|---|---|---|
| | 知 | 思 | 態 | |
| ・ルワンダのガチャチャ裁判や南アフリカ共和国の真実和解委員会について調べる。 | | | ○ | ○ルワンダや南アフリカ共和国の例を基に，紛争解決について粘り強く考察しようとしている。 |

## (3)　授業の展開と３つの「つまずき」

### つまずき①　民族紛争について，対立の歴史と現状の事実的な理解に留まりがち

　民族紛争は，一つひとつ，宗教，歴史，経済などの様々な要因が複雑に絡み合って起こっていることが多く，そのため，ある１つの民族紛争を事例的に取りあげて詳細に対立の歴史と現状について特殊具体的に理解を図る，または複数の紛争をあまり深掘りすることなく，対立の歴史と現状について表面的に理解を図るということになりがちです。

### つまずきへの対応

　個別的事実的な理解に留まることを改善するために，民族紛争を境界線の問題として捉え，共通性（傾向性）から捉えることにしました。授業構成を，大きな境界線の問題と小さな境界線の問題とに２つのパートに分け，前者で民族的な対立や紛争が国境という境界によって生じることを，後者で私や私たちと他者との間に線引きをする（される）ことによって，対立やわだかまりが生じることを理解できるように構成しました。こうすることで，それぞれの対立や紛争において，共通性と特殊性がより明確になり，深い学びへとつながるのではないかと考えました。

### つまずき②　民族的な対立や紛争は自分とは関係のない余所事になりがち

　ニュースなどで見られるような武力衝突を伴う激しい民族紛争を私たちの身の回りで見ることはほとんどありません。そのため，民族的な対立や紛争は，自分とは関係のない，遠いところで起こっている余所事と捉えがちです。

### つまずきへの対応

　つまずき①とも関連しますが，世界各地で見られる民族的な対立や紛争だけでなく，身近な出来事を事例として取りあげて，対立や紛争を他者と自己との間に線引きがされることによって生じる問題として考えられるようにしました。具体的には，小学校の道徳教材「同じ仲間だから」の中にある「よし子」から「とも子」への手紙を取りあげました。

　そこには，引っ越した地域の中で，一人「よし子」がみんなとしゃべる言葉が違うために仲間はずれにされることがあり，それでも早く仲良くなりたいために言葉に慣れるよう頑張りながらも，思っていることやしていることは同じなのに，なぜつらい目に遭わないといけないのか悩む，「よし子」の心の内が綴られています。

　もちろん身近な他の事例を取りあげてもよいかと思います。ただし，外国につながりのある生徒や，海外から日本に来た人が多く居住している地域・学校もあるかと思います。実施の際には，様々な配慮が必要になることはいうまでもありません。

　私たちは，「人種」という言葉を身体的な特徴の差異として理解していたり，「民族」という言葉を固定的なものとして理解していたりして，無批判に使っていないでしょうか。

### つまずきへの対応

　「人種」という語は，つくられた概念です。身体的な特徴の差異で人間を分類しても当てはまらない人もいるし，分類しようとしても難しい人もいます。同じように，「民族」という語も概念です。例えば，アイヌの人を「アイヌ民族」と呼んだ時に，呼ぶ側（自分たち側）は自分たちのことを何民族と呼ぶのでしょう。「日本民族」「大和民族」……。このように「民族」という語は曖昧です。国際理解教育学会編『現代国際理解教育事典』（2012年，p.31）では，次のように述べています。

> 　民族という語は，言語，宗教，生活様式を共有し，共有する帰属意識があると説明されてきた。しかし，これらの区分は明確で揺るぎないものではなく，すべてが一致するということでもない。他の集団との共通性や差異は，何かが重なり，何かがずれ，帰属意識も状況により異なる。したがって固定化した「民族」は実在しないことになるが，社会的・経済的差別の結果，「民族問題」が生じる。

　尚，今回の授業展開については，中山京子ほか編著『「人種」「民族」をどう教えるか－創られた概念の解体をめざして』（2020年）を参考にしました。

## (4)　授業のブラッシュ・アップ

「どうしたら民族紛争を解決することができるだろう？」

　この問いは，答えのない問題であり，未来に向けて答えを創っていかなければならない問題だと思います。ついつい授業者である私たちは，最後に，「どうしたら解決できるか」ということを，民族紛争に限らず，答えのない○○問題について無責任に問いかけがちではないでしょうか。問いかける前に，問題が問題として解決せずに残っているのはなぜか，という問題の原因をしっかり掘り下げること。また，解決した事例があれば，その事例から学ぶことを保証することが大切ではないでしょうか。今回は，ルワンダのガチャチャ裁判や南アフリカ共和国の真実和解委員会に学ぶ機会を設定しました。

（中本　和彦）

## CASE 22

**2年**

地理探究　現代世界の地域区分

## 世界は多様な地理的条件によって，様々に区分できる

**5時間**

---

### (1)　授業のねらい

・架空の場所を地図上で特定することから，自然システム，社会・経済システムに関係する情報があれば，世界を地域区分できると気づくことができる。

### (2)　学習指導案（5時間）

（○…評定に用いる評価　●…学習改善につなげる評価）

| 生徒の学習活動 | 評価の観点 知 | 思 | 態 | 評価規準など |
|---|---|---|---|---|
| 【第1・2時】 | | | | |
| **課題1　風の谷はどこにあるのか。** | | | | |
| 1　風の谷はどこにあるのか<br>・あるアニメ映画に登場する風の谷がどこにあるのかを考察する。<br>・あるアニメ映画に登場する風の谷がどこにあるのか考察し，地図上に示す。 | ● | | | ●世界や世界の諸地域に関する各種の主題図や資料を基に，世界を幾つかの地域に区分する方法や地域の概念，地域区分の意義などについて理解している。 |
| ・風の谷の位置を判断した情報を，ホワイトボードに書き出し，学級で共有する。<br>【指導上の留意点】<br>　実在しない架空の場所でも，様々地理的情報から位置を特定することができる地理的技能の習得を目指す。読み取った情報を自然システムと社会・経済システムに分けることができる技能の習得も目指す。 | ○ | | | ○世界や世界の諸地域について，各種の主題図や資料を踏まえて地域区分する地理的技能を身につけている。<br>・位置を特定するためにどのような情報を読み取ることができたかと，読み取った情報から位置が特定できたかを評価する。<br>・読み取った情報を自然システムと社会・経済システムに分類することができたかを評価する。 |
| 【第3・4時】<br>2　既存の地域区分を参考にしよう<br>・個人で調査してきた既存の地域区分についての調査結果を，グループで共有する。 | ○ | | | ○世界や世界の諸地域に関する各種の主題図や資料を基に，世界を幾つかの地域に区分する方法や地域の概念，地域区分の意義などについて理解している。 |

| 生徒の学習活動 | 評価の観点 | | | 評価規準など |
|---|---|---|---|---|
| | 知 | 思 | 態 | |
| **課題2** 地域の共通点や差異，分布などに着目して，世界を幾つかの地域に区分してみよう。 | | | | |
| 3 世界を幾つかの地域に区分してみよう<br>・既存の地域区分の指標を参考に，世界を区分する指標を新たに構想し，新しい地域区分を表現する。<br>【指導上の留意点】<br>　新たに構想した指標で区分した世界地図を作成する。 | | ○ | | ○世界や世界の諸地域の地域区分について，地域の共通点や差異，分布などに着目して，主題を設定し，地域の捉え方などを多面的・多角的に考察し，表現している。<br>・世界を区分するための構想した新しい指標についてこれまでの学習を踏まえ，多面的・多角的に考察し，新しい地域区分を世界地図として表現できているかを評価する。 |
| 【第5時】<br>4 新しい地域区分はどのように活用できるだろうか<br>・新たに構想した地域区分が，よりよい社会の実現を視野にそこで見られる課題を見出すために，どのような場面で活用できるのか構想する。 | | | ○ | ○現代世界の地域区分について，よりよい社会の実現を視野にそこで見られる課題を主体的に追究しようとしている。<br>・新たに構想した地域区分が想定される活用場面が，よりよい社会の実現を視野にそこで見られる課題を追究できているかを評価する。 |

## (3) 授業の展開と1つの「つまずき」

**つまずき①　読み取った情報を地図に表現する場合，どこにつまずきを感じるのか**

　本単元は，地誌的学習の導入に位置する単元であるとともに，それまでの系統地理的学習の学習の成果を踏まえ，これまでの学習を振り返り，まとめる単元でもあります。本単元の前に学習する，現代世界の系統地理的考察と呼ばれる系統地理的学習では，系統地理的な考察の手法を身につけるために，「(1)自然環境」「(2)資源，産業」「(3)交通・通信，観光」「(4)人口，都市・村落」「(5)生活文化，民族・宗教」の5つの項目について学習しています。本単元では，それらを踏まえ，世界を幾つかの地域に区分する方法を身につけたり，地域の概念，地域区分の意義などを理解したりすることを目指します。

　それでは，本単元の冒頭で取り組んだ3分間の短い映像から様々な情報を読み取り，その読み取った情報から，その映像が示す地点を特定する学習活動から，生徒はどのような感想を持ち，どこにつまずきを感じたのでしょうか。

　生徒の振り返りから読み取ってみましょう。

つまずきへの対応 ★✨

生徒A：今まで習ってきたことを総動員して考える問題で楽しかったです。

→学習活動自体には主体的に取り組めているようです。前単元までの学習の成果を踏まえる点
　も理解しています。


生徒B：アニメを今回のような視点で見たことがなかったので，読み取るのはとても難しかっ
　　　　た。自然システムは読み取りやすいが社会・経済システムはよくわからなかった。

→個人で資料（映像）から情報を読み取る学習活動に限界を感じているようです。そのため，
　グループ学習を取り入れ，個人で読み取った情報を共有する時間を設けました。また，グル
　ープでの共有後，再度，資料（映像）を見ることにしました。


生徒C：山がアルプス山脈だと思っていたけど違った。グループで共有した時に自分が気づい
　　　　ていなかった動物に気づけた。

生徒D：自分が気づかなかった着眼点に気づけて面白かったです。アニメなども，地理の視点
　　　　から見ることでまた違った楽しみを見つけることができると感じました。予想と思い
　　　　の外ズレていて悔しかったです。

生徒E：懐かしい思い出に浸りながら，瞬間瞬間に映るヒントを書き出したり見つけたりする
　　　　のが楽しかったです。また，1回目と2回目で見方が変わりました（友だちの意見を
　　　　聞いて）。

→グループ学習によって，資料（映像）を地理的に見る視点が増えたことがわかります。また，
　同じ資料（映像）を繰り返し見ることで，読み取れた情報が増えたようです。


生徒F：色んな要素を見つけることはある程度できたが，それを現実の環境に置き換えたり，
　　　　それらから予想をしたりすることが難しかった。

生徒G：自然システム，社会・経済システムの一つひとつの要素を動画から探し出す事は安易
　　　　だったが，その全てを満たす場所を探す事がとても難しかった。

→資料（映像）から情報を読み取ることができても，その情報から位置を特定することができ
　ない場合があるようです。資料（情報）を読み取る学習活動は知識・技能の観点で評価でき
　る評価の場面となります。読み取った情報から思考し，その位置を判断し，地図上に表現す
　る学習活動は思考・判断・表現の評価の場面となります。新学習指導要領では，これまでの
　4観点から3観点に変更となりました。単元や授業を構成する際に，評価の場面とそこで見
　取る観点を意識することで，生徒の新たなつまずきに気づくことができます。

ここでは，さらに，グループ学習を設定し，資料（映像）から読み取ることができた情報を基に，グループで協力して位置を特定する学習活動に取り組みました。

生徒H：自然システムの観点では，風車があり，田んぼ，畑が広がっていることや，ぶどうの栽培が行われていること，近くに乾燥地帯があることが読み取れた。社会・経済システムの観点からは女性がターバンのようなものを巻いていることが読み取れた。ぶどうが採れる，風が吹くなどの条件を考えるとトルコのバタフライバレーだと推測した。

生徒 I ：アニメがいかに精巧につくられているかがわかった。普段何気なく見ているシーンでも，地理的な条件を踏まえるとより面白く感じ，解像度が上がったような気がした。かなりたくさんの情報から絞り込んでいくプロセスが，地理のひとつの面白さだと感じました（場所は，イタリアのピサだと思ってました）。

→様々な学習活動に取り組む中で，読み取った情報から，位置を特定できたようです。主体的に学習に取り組む態度の観点で見取ることもできそうな感想もありました。

生徒J：映像から風の吹く方向やブドウなどの特徴を読み取ることができたが，風の谷がアジアよりのヨーロッパの方にあるとはわからなかった。他のアニメの元となった場所も考察してみたいと思った。

生徒K：今まで習ったことをフル活用しないと解けない問題で面白かった。氷河の視点を忘れていた。社会的視点を考えるのが難しかった。共通テスト本番も書かれている情報を丁寧に読み取って，取り組みたいと思う。映画を地理の視点で見るのもまた面白いと思った。

## (4)　授業のブラッシュ・アップ

　生徒は非常に積極的に学習活動に取り組むことができていましたが，以下のような感想もありました。

生徒L：アニメはそんな地理的な情報とか気にせずに見たい。

　確かにその通りですね。このような生徒の思いも大切にする必要があります。

（高木　優）

# 23

**地理探究** 現代世界の諸地域：アメリカ

## アメリカの農業が「適地適作」というのは本当なのか

**3時間**

## （1） 授業のねらい

・グレートプレーンズでの農業を題材に，アメリカの農業を表すキーワードである「適地適作」という用語を検証するとともに，企業的農業の規模を実感する。

・Web-GIS（Google Earth・地理院地図）を活用して地理的技能を育成する。

・グレートプレーンズでの農業と日本との仮想水を通じたつながりを理解する。

## （2） 学習指導案（1／3時間）

（○…評定に用いる評価　●…学習改善につなげる評価）

| 生徒の学習活動 | 評価の観点 | | | 評価規準など |
|---|---|---|---|---|
| | 知 | 思 | 態 | |
| 1　アメリカの農業は企業的な規模のものが多く，気候や市場までの距離に応じた「適地適作」であることを理解する<br>【指導上の留意点】<br>　以前に扱った「企業的農業」などの用語の意味を確認する。 | ○ | | | ○「適地適作」であることの意味を理解している。西経100°を境とした降水量の違いとそれに伴う農業形態の違いを理解している。 |
| 2　グレートプレーンズの位置を確認し，この地域の気候を推察する<br>【指導上の留意点】<br>　衛星写真で植生を判読させ，グレートプレーンズが乾燥した地域なのかどうかを読み取らせる。 | | ● | | ●次のQRコードのリンク先のGoogle Earthの衛星画像でグレートプレーンズに飛び，そこから画面を拡大して植生を読み取っている。 |
| **課題1**　グレートプレーンズは乾燥したステップ気候が卓越している地域なのに，なぜ農業地域になっているのだろう。 | | | | |
| 3　なぜグレートプレーンズは乾燥しているのに農業が盛んなのだろうか<br>（つまずき①） | | | | ・センターピボット灌漑の仕組みはQRコードのリンク先動画（2分37秒）を見せる。 |

| 生徒の学習活動 | 評価の観点 | | | 評価規準など |
|---|---|---|---|---|
| | 知 | 思 | 態 | |
| 【指導上の留意点】<br>　Google Earth を使って現地の衛星写真を見て，センターピボットの機能を推察させる。 | | | | ・この地域のセンターピボットが，オガララ帯水層の地下水を汲み上げていることを確認する。半径400m のセンターピボットの大きさを学校周辺に描くことでその大きさを実感させる。 |
| **課題2**　センターピボットの大きさはどれくらいだろうか。その大きさを地理院地図を活用して学校の周辺に描いて実感してみよう。 | | | | |
| 4　Google Earth でセンターピボットの半径を計測し，それと同じ大きさの円を地理院地図を活用して学校近くに描く<br>　（つまずき②）<br>【指導上の留意点】<br>　できた生徒が周囲の生徒に教えるなど，生徒同士の教え合いを奨励する。 | | ● | | ●半径400m のセンターピボットがあるのは800m$^2$の正方形の土地であり，これは西部開拓時の土地分割の単位1/2マイル（約800m$^2$）の名残であることに気づいている。 |
| **課題3**　乾燥地域の農地化にセンターピボットは貢献したが，その結果オガララ帯水層はどうなったのだろうか。 | | | | |
| 5　センターピボット灌漑による地下水の揚水により，オガララ帯水層の水位が低下していることを理解する<br>【指導上の留意点】<br>　時間がないためここでは新聞記事等の資料を提示するだけに留める。 | ● | | | ●揚水の結果地下水の水位が低下し，このままでは地下水が枯渇してしまうのではないかと懸念されていることについて理解している。 |
| **課題4**　もしオガララ帯水層が枯渇気味になり，グレートプレーンズでのトウモロコシの生産が滞ると，日本向けの牛肉の輸出量が減るかもしれないと言われている。それはどうしてなのだろうか。 | | | | |
| 6　そのメカニズムをグループで話し合って考える<br>　（つまずき③）<br>【指導上の留意点】<br>　仮想水については用語とその内容の紹介に留める。 | | ● | | ●グレートプレーンズでのトウモロコシの生産と日本向けの牛肉の輸出量の関係について，オガララ帯水層の枯渇と関連づけて考察している。 |

## (3) 授業の展開と３つの「つまずき」

### つまずき① センターピボットの畑が丸いのはどうしてなのだろう

　乾燥地域での灌漑というと気候の単元で学習したカナートはよく覚えているものの，センターピボットはそのユニークな形は見たことはあるけれど，それが一体どのような目的でつくられ，どのような仕組みになっているのかを理解している生徒は少ないです。

### つまずきへの対応 ★★

　センターピボット灌漑は日本では馴染みがないこともあり，それが灌漑設備であると教えても実感が伴わないことが多いです。そこで１人１台持っている ICT 機器を活用し，センターピボットを製作している会社の解説動画を見せることでこの灌漑システムを理解させようと考えました。

### つまずき② 作図の指示が曖昧 Web-GIS を利用した距離の計測や円の描画

　これについては生徒たちや若手の先生方は，操作方法を教えなくてもいじっているうちにできてしまうことが多いと思いますが，紙地図で縮尺から距離を測ってきたベテランの先生こそ，ここでつまずいてしまうことが多いのではないでしょうか。

### つまずきへの対応 ★★

　今の生徒たちは物心ついた時にはすでにスマートフォンがあった世代ですから，ICT 機器の画面操作は試行錯誤していくうちに直感的に技術を習得していってしまいます。そこで早くできた生徒が先生役となり，周囲の生徒たちに教えていくというスタイルをとっていけばよいのではないでしょうか。

　Web 版の Google Earth ではモノサシのアイコンをクリックすれば距離を計測できます。次に地理院地図にアクセスし，画面右上の「ツール」＞「作図・ファイル」をクリックすると色々なアイコンが出てきます。その中の● （○ではないので注意を！）をクリックし，地図中の任意の点をクリックすると，そこを中心とした円を描くことができます。

### つまずき③ オガララ帯水層が枯渇気味になると日本向けの牛肉が減るのはなぜだろうか

　トウモロコシというと食べたりスープにするというイメージが強く，家畜用の飼料という観点はある程度勉強していないと結びつきにくいものです。そこで生徒が持っている知識を引き出し，整理することで気づきを促し，正解に辿り着かせようとしました。

### つまずきへの対応 ★★

教　師：このまま地下水を揚水し続けると，雨などが地面に染み込んで地下水を維持する，こ

れを難しい言葉でいうと，地下水を「涵養する」っていうんですが，地下水が涵養される以上に灌漑のために吸い上げてしまうと地下水は減ってしまいますよね。そうするとこの地域で栽培しているトウモロコシ生産が滞ります。このことで日本向けの牛肉の輸出が減るかもしれないってどういうことでしょう？　どうしてそれが日本と関係するのでしょう？

生　徒：牛のエサが減るかもしれないから？

教　師：素晴らしい，その通りです。家畜のエサのことを飼料っていうんだけれどその生産量が減ってしまいますからね。ここでこの「しりょう」を見て，あっ言葉でいうと訳わかんないですね。つまり英語でいうと feed（飼料）じゃなくて document（資料）を見てもらうと，そこには牛肉を1kg生産するために何kgのトウモロコシが必要だって書いてありますか？

生　徒：11kg!!

教　師：そうですね。だから一見関係ないように思えるけれど，トウモロコシの生産が減ってしまうと牛のエサも減り，肉生産にも悪影響が出てしまうというわけなんですね。

## ⑷　授業のブラッシュ・アップ

　今回の授業では時間の関係からバーチャルウォーター（仮想水）について十分に考察させることができませんでしたが，上記の生徒とのやりとりの後で日本へのバーチャルウォーターの流れを示した下のような主題図を示して考察させることができればよいと思います。

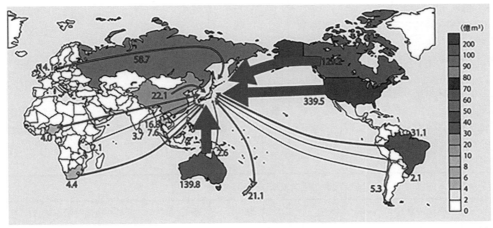

(平成25年版　環境・循環型社会・生物多様性白書，環境省)

　また，アメリカの農業からは外れてしまいますが，日本国内でも地下水の過剰揚水によって引き起こされている沖積平野の地盤沈下や，豪雪地帯における融雪用水の過剰揚水などの地下水の過剰揚水による悪影響について考察するというのもよいと考えます。

(柴田　祥彦)

地理探究　　現代の諸地域：中国

# 中国では一人っ子政策をやめたのに，なぜ，出生率が上がらないのだろう

4時間

## (1)　授業のねらい

・中国の社会について，地域に着目して着目して，一人っ子政策の廃止から出生率が上がらない理由や人々の生活を多面的・多角的に考察し，表現することができる。

・中国の人口政策の転換や中国社会の変容について理解する。

## (2)　学習指導案（1〜2／4時間）

（○…評定に用いる評価　●…学習改善につなげる評価）

| 生徒の学習活動 | 評価の観点 | | | 評価規準など |
| --- | --- | --- | --- | --- |
| | 知 | 思 | 態 | |
| 【第1時】<br>1　中国の一人っ子政策<br>・一人っ子政策について，どういう政策か，内容や行われた理由などを確認する。<br>【指導上の留意点】<br>・中学校社会科地理的分野や地理総合での学習を活用する。<br>・看板などを基に学習の動機づけを図る。 | ● | | | ●中学校社会科地理的分野や「地理総合」での学習を振り返り，中国の一人っ子政策について理解している。 |
| 2　一人っ子政策廃止の理由<br>・2016年，2人目の出産を認めて一人っ子政策は廃止され，2021年5月31日，3人目まで子どもを持つことが認められたことを確認し，問いを持つ。 | ● | | ● | ●一人っ子政策の廃止について理解している。<br>●一人っ子政策廃止の理由についての問いを持っている。 |
| 課題1　なぜ，中国は一人っ子政策を廃止したのだろう。 | | | | |
| ・一人っ子政策廃止の理由について考察し，ワークシートに記入するとともに，班で共有する。<br>【指導上の留意点】<br>　中国の人口ピラミッドの変化など，中国の急激な少子高齢化を示す資料を基に考察する。 | | ● | | ●人口ピラミッドの変化などを基に，中国の急激な少子高齢化とそのことがもたらす影響について考察し，表現している。 |

| 生徒の学習活動 | 評価の観点 | | | 評価規準など |
|---|:---:|:---:|:---:|---|
| | 知 | 思 | 態 | |
| 3　低下し続ける出生率<br>・一人っ子政策の廃止によって出生率がどうなったか，資料を基に確認する。 | ● | | | ●一人っ子政策を廃止しても出生率が下がり続けていることについて資料を基に理解している。 |
| | | | ● | ●一人っ子政策を廃止しても出生率が上がらないことに疑問を持っている。 |

| 課題2　中国では一人っ子政策をやめたのに，なぜ，出生率が上がらないのだろう。 |
|---|

| 生徒の学習活動 | 知 | 思 | 態 | 評価規準など |
|---|:---:|:---:|:---:|---|
| ・一人っ子政策を廃止しても出生率が上がらない理由について，班で話し合って仮説を立てる。<br>【指導上の留意点】<br>　日本の少子化の原因などを参考にする。 | | ● | | ●出生率が上がらない理由について，日本の少子化の原因などを参考に仮説を立て，説明している。 |
| 【第2時】<br>4　出生率が上がらない理由<br>・3人っ子政策に対する国民の反応はどうだろうか。SNS上の声を確認し，ジグソー法でエキスパート活動を行う。<br>【指導上の留意点】<br>　エキスパート活動は，出生力の低下について「なぜ，住宅費が大きいのか」「なぜ，教育費が大きいのか」「なぜ，晩婚化・未婚化が進むのか」「その他」に分かれて，インターネットなどで調べる。 | | ● | | ●出生率が上がらない理由について，資料を探して考察し，議論している。 |
| | | | ● | ●他者と協働的に課題について追究している。 |
| ・元の班に戻って，エキスパート活動の成果を出し合って，班ごとに図にまとめ，クラス全体で発表する。 | | ● | | ●出生率が上がらない理由について，多面的・多角的に考察し，表現している。 |

| 課題3　中国は少子化を転換させるためにどうする必要があるだろう。 |
|---|

| 生徒の学習活動 | 知 | 思 | 態 | 評価規準など |
|---|:---:|:---:|:---:|---|
| 5　出生率を上げるには……<br>・出生率が上がらない理由についての各班の発表を参考に，個人で，課題2についてまとめ，さらに，それらを基に，少子化を転換させるために必要な解決策について構想する。 | | ○ | | ○出生率が上がらない理由について，他者の意見を参考に，多面的・多角的に考察し，説明している。 |
| | | | ○ | ○少子化を転換させるための解決策について，学習の成果を基に構想している。 |

## ⑶ 授業の展開と３つの「つまずき」

### つまずき① 中国というと人口が多い，というイメージが先行しがち

　中国というと，人口が多い，経済発展している，世界の工場，インバウンド，コロナなどの断片的な知識によるイメージが先行しがちです。

### つまずきへの対応 ★

　断片的な知識によるイメージを変革するために，中学校社会科地理的分野や地理総合での学習を活かしながら，一人っ子政策の転換と出生率低下の背景にある中国社会の実態について，有機的に関連付けることができるように，「中国では一人っ子政策をやめたのに，なぜ，出生率が上がらないのだろう」という問いを設定しました。「〜のに，なぜ，……」という複文型の問いの設定によって，生徒の追究意欲の喚起も図れるようにしました。

### つまずき② 「なぜ」の問いに対する表面的な仮説になりがち

　「中国では一人っ子政策をやめたのに，なぜ，出生率が上がらないのだろう」という問いを立てたとしても，生徒の仮説は，「子どもを産みたがらないから」「子どもを育てるのにお金がかかるから」などといった表面的な仮説になりがちです。

### つまずきへの対応 ★

　「子どもを産みたがらないから」「子どもを育てるのにお金がかかるから」という表面的な仮説に対しては，さらに，「なぜ，子どもを産みたがらないのだろう」「なぜ，子どもを育てるのにお金がかかるのだろう」と問い返してもよいかもしれません。しかし，ここでは，できるだけ生徒の主体的な学びとなるように，ヒントとして日本の少子化の原因について，次ページの図１を提示することにしました。このことによって，晩婚化，未婚化，出生力の低下といった大きな原因とそれらを引き起こす多様な要因があることを理解し，仮説設定の思考の深まりを促すことができるようになりました。

　さらに，班で仮説を立てたところで第１時を終え，第２時のはじめに，中国のSNSに上がった３人っ子政策に対する人々の声を取りあげ，住宅費が大きいこと，子どもの教育費がかなり高額であることなどが，出生率低下の要因になっていることに注目させました。そして，「なぜ，住宅費が大きいのか」「なぜ，教育費が大きいのか」「なぜ晩婚化・未婚化が進むのか」「その他」に分かれて，ジグソー法を取り入れてエキスパート活動をさせ，仮説の検証とともに，中国社会の実情に迫れるようにしました。

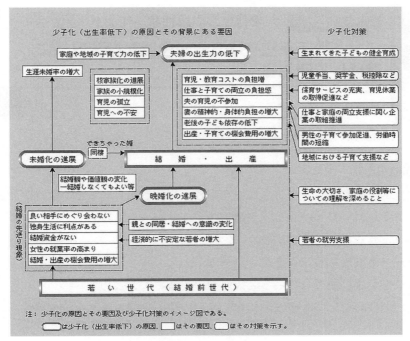

**図1　少子化のフローチャート**
（内閣府『平成16年版　少子化社会白書』第2章少子化の原因による）

つまずき③　多様な要因を関連付けて言葉で説明することが難しい

　せっかく出生率が上がらない理由を複数見つけ出したとしても，それらを関連付けて論理的に言葉で説明することが難しいようです。

**つまずきへの対応**

　多様な要因を関連付けて言葉で表現するのは，特にジグソー法によって班で1つの意見にまとめるのは難しいようです。そこで，まずは日本の「少子化のフローチャート」を参考に，図化するようにしました。右の図2は，その一例です。

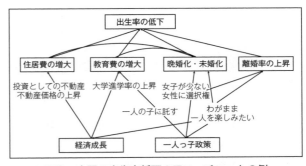

**図2　中国の出生率低下のフローチャートの例**

## (4)　授業のブラッシュ・アップ

　中国と日本を比較することによって同じように少子高齢化が進む中国と日本の共通性と相違性をより明らかにすることができます。

（中本　和彦）

地理探究　現代世界の諸地域：インド
**インド地誌を様々な文化や急速な経済成長に着目して捉える**

3時間

## (1)　授業のねらい

・インドの歴史的環境を基に，多様な言語や宗教，文化が見られることを理解する。
　　①言語：インド・ヨーロッパ系と土着の言語
　　②宗教：ヒンドゥー教とイスラム教
　　③文化：カースト制度と香辛料を用いた料理
・インドの経済が急速に成長している要因について考え，まとめる。
・インドの人口問題について，中国と比較してその後の動向を踏まえて理解する。

## (2)　学習指導案（1～2時間／3時間）

（○…評定に用いる評価　●…学習改善につなげる評価）

| 生徒の学習活動 | 評価の観点 | | | 評価規準など |
| --- | --- | --- | --- | --- |
| | 知 | 思 | 態 | |
| 【第1時】<br>1　インドの歴史的環境を基に，言語分布について学習する<br>【指導上の留意点】<br>　北部の言語と南部の言語の違いについて触れ，異なる言語間の共通語として英語が利用されていることに気づかせる。 | ● | | | ●2つの系統からなる多種多様な言語が使われており，その共通語として英語が利用されていることを理解している。 |
| 2　インドの歴史的環境を基に，宗教やその特徴について学習する<br>【指導上の留意点】<br>　大半を占める宗教とその宗教に見られる社会風習，少数派の宗教に限定して理解させる。 | ● | | | ●ヒンドゥー教とその特徴，国内の少数派と周辺国でイスラム教が信仰されていることを理解している。 |

| 生徒の学習活動 | 評価の観点 | | | 評価規準など |
|---|---|---|---|---|
| | 知 | 思 | 態 | |
| 3　次の課題1について，グループで話し合い，発表する | | | | |
| **課題1**　ヒンドゥー教がインドの文化に与える様々な事象について考える。 | | | | |
| 【指導上の留意点】<br>　文化について，次の3つの事象を与えて，それらと宗教との関係から考えさせる。<br>　①食：肉食について<br>　②衣：サリーについて<br>　③職業：カースト制度について | | ○ | | ○ヒンドゥー教の教義とカースト制度の特徴から，食や衣の文化が成立したことに気づくことができる。 |
| 【第2時】<br>4　インドの資源分布や農業地域から，工業が盛んな都市の分布と業種を確認する<br>【指導上の留意点】<br>　インドの綿花とジュートの産地，石炭や鉄鉱石の産地を確認させ，その近郊に位置する都市の工業を想像するよう説明する。 | ● | | | ●インドの農業分布と都市の工業の関連性を確認している。また，インドの資源産地の分布と都市の工業の関連性を確認している。 |
| 5　次の課題2について，グループで話し合い，発表する | | | | |
| **課題2**　インドでICTに関する産業が発展した理由について考える。 | | | | |
| 【指導上の留意点】<br>　インドのICT産業の発展が複数の要因から成り立っていることについて説明し，その要因について考えを促す。 | | ○ | | ○インドのICT産業の立地要因について，以下の事が関連していることに気づくことができる。<br>①数学の優位性<br>②英語話者の存在<br>③アメリカとの時差を活用した事業展開 |

## (3)　授業の展開と２つの「つまずき」

### つまずき①　インドのサリーはなぜ１枚布でできているのだろうか

　学習活動３では，ヒンドゥー教などの宗教の影響を受けるインドの文化について学習します。そこで，文化の題材として，インドの食と衣を選び，それぞれの形態と宗教，カースト制度との関係を取り上げ，グループごとに考えさせます。

　以下は，この時に各グループから出された意見です。

> ①インドでは，ヒンドゥー教やイスラム教の関係から，牛肉や豚肉が禁忌であり，菜食主義者が多い。
> ②インドの女性は，１枚布でできている「サリー」と呼ばれる衣装を身にまとっている。
> ③インドには「カースト」制度が残っており，職業と身分制度に基づく社会制度により近代化の弊害となっている。

　そして，授業では，これらの意見を基に，インドの文化は，ヒンドゥー教やカースト制度との関連が強く残っており，様々な場面で影響が見られることや，それがインドの近代化の弊害となっていることを確認しましたが，②についてはヒンドゥー教やカースト制度との関係を深めることができずに，授業は次の項目に移りました。

### つまずきへの対応

　インドの民族衣装である「サリー」はなぜ１枚布でできているのでしょうか。これには諸説ありますが，ヒンドゥー教やカースト制度と関連が深いようです。一説には，服装や飾りなどの外見でその人間のカーストがわかってしまうため，その身分差を隠したいということから，全身を覆うサリーがインド全土に一気に広まった，という理由があります[1]。また，ヒンドゥー教では，様々な事象や物を「浄・不浄」で考える習慣があり，サリーは「浄」にあたるため，インドで広まったという理由もあるそうです[2]。いずれにしても，サリーはヒンドゥー教と深く関連しているといえます。

　他にも，インドの食とヒンドゥー教，カースト制度を扱うことも考えられます。インドでは近年，食肉の生産量が増加する，いわゆる「ピンクの革命」が起きています。ヒンドゥー教では牛肉が，イスラム教では豚肉が禁じられているため，インドでは家禽（鶏肉）の生産量が増えています。このように，インドの文化の根底にはヒンドゥー教，カースト制度が深く関連しています。

### つまずき②　バンガロールはなぜインドのICT産業の中心地となり得たのだろうか

　学習活動５では，インドとICT産業との関係について学習します。そこで，「なぜ，インド

でICT産業が盛んになったのだろうか」という問いを与えて，グループごとに考えさせます。
　以下は，この時に各グループから出された意見です。

---

①インドでは，伝統的に数学に長けているため，ICT産業が受け入れられやすい環境が
　あった。
②インドは，都市部の住民を中心に共通語として英語が使用され，アメリカとの結びつき
　が強まる環境にあった。
③インドは，アメリカとの時差が約半日であり，時差を活用した分業体制が確立しやすい
　環境が見られた。

---

　そして，授業では，これらの意見を基に，インドはICT産業が立地しやすい複数の要因が
みられたことを確認しました。しかし，ある生徒は，「なぜ，バンガロールという都市がイン
ドのICT産業の中心地になり得たのだろうか」という疑問を抱き，それについては深めるこ
とができずに授業は次の項目に移りました。

### つまずきへの対応

　インドにICT産業が栄えた理由は，様々な書籍やサイトで確認できます。しかし，インド
の中でもバンガロールがICT産業の中心地になり得た理由についての情報はあまり多くはみ
られません。調べてみると，バンガロールはデカン高原の中央にあり，中心部の標高は約900
m，気候は穏やかで過ごしやすく，外国企業で働く人々も快適に過ごせる風土です。インドが
1947年に独立後，航空産業や軍事・宇宙産業など，国内の主要な研究施設がバンガロールに立
地し，インド理数教育の中心であるインド工科大学もあり，産学一体となった事業を展開しや
すいことも理由の一つです[3]。バンガロールの発展に目を向けさせるために，このようなこと
に触れられるとよいでしょう。

## (4)　授業のブラッシュ・アップ

　インドのICT産業の発展にも，ヒンドゥー教やカースト制度の影響を見ることができます。
カースト制度では職業の世襲が義務づけられますが，新たな産業であるICTは，その概念に
は制約されません。また，インドの新たな産業として，自動車産業もあげられますが，それに
もヒンドゥー教やカースト制度の存在が関連しているといわれています。　　　　　（小平　宏之）

---

【註】
1)　https://yukashikisekai.com/?p=32531
2)　https://www.fukuiku.net/column/clothing/clothing05/1909.html
3)　https://www.miraic.jp/online/8tips/category/tip06/1006.html

地理探究　現代世界の諸地域：ヨーロッパ

## ヨーロッパの工業はどのように発達し，どのように変化しているのか

6時間

## (1)　授業のねらい

・ヨーロッパの工業について，ＥＵの統合の歴史的背景と関連付けて，地域の結びつき，構造や変容などを多面的・多角的に考察させる。

・ヨーロッパの工業とその立地の特徴について，場所の特徴や結びつきなどに着目して，空間的な規則性，傾向性などを多面的・多角的に考察させる。

## (2)　学習指導案（4／6時間）

（○…評定に用いる評価　●…学習改善につなげる評価）

| 生徒の学習活動 | 知 | 思 | 態 | 評価規準など |
|---|:---:|:---:|:---:|---|
| 1　EU 統合（主題）の確認（導入）<br>【指導上の留意点】<br>　ヨーロッパの国々がキリスト教を共通の文化的基盤としながら，経済的基盤を背景として統合を進めてきたことを確認する。<br>　この小単元では，「EU の統合と変容」を主題として，域内の政治的動向，民族・宗教などの諸事象を有機的に関連づけて考察するような学習活動を想定し，本時は，「工業」を有機的に関連付ける学習活動とした。 | | | ● | ●ヨーロッパの工業について，見通しを持って学習に取り組もうとしている。 |
| 課題1　今日の「EU」が発展する基礎である「ECSC」とは何か。 | | | | |
| 2　EU の前身である EC，その EC の基礎の一つとなった ECSC の設立とその目的について調べ，まとめる<br>【指導上の留意点】<br>　資源が豊富な地域を巡って，仏独がしばしば領土対立をしてきたこと，また，二度の大戦を経て，紛争の種となった石炭資源と鉄鋼業を共同管理することになった等の歴史的背景を踏まえ，以後，ヨーロッパの経済統合が本格的に進んでいくことに触れる。 | ● | ● | | ●今日の EU 統合のきっかけの一つには，資源の共同保有が関わっていることを理解している。<br>●ヨーロッパの歴史的背景を関連づけて，ヨーロッパの原料指向型工業が盛んな地域の位置について，多面的・多角的に考察している。 |

| 生徒の学習活動 | 評価の観点 | | | 評価規準など |
|---|---|---|---|---|
| | 知 | 思 | 態 | |
| **課題２　ルール工業地域は昔と今でどのように変化しているか。** | | | | |
| ３　資料①と資料②から，ヨーロッパ最大の工業地域であるルール工業地域が1960年頃と2015年頃でどのように変化したかを読み取り，各自でまとめる | ○ | | | ○資料の読み取りを基に，ルール工業地域の変化についての情報を読み取り，文章にまとめている。 |
| | | ○ | | ○資料の読み取りを基に，ルール工業地域が停滞した要因や，ルール工業地域が重化学工業から転換し，産業文化遺産として価値を見出していることについて，多面的・多角的に考察している。 |
| 【資料①】ルール工業地域の変化 | | | | 【資料②】エッセンのツォルフェライン炭鉱業遺産群の写真 |
| | | | | |
| ■炭田　◇大学　○おもな都市　●製鉄・鉄鋼　★近代化産業遺産　──鉄道　══高速道路 | | | | |
| （帝国書院『新詳高等地図』より筆者作成） | | | | |
| **課題３　ヨーロッパの工業地域はどのように変化しているのか。** | | | | |
| ４　ヨーロッパの統合を背景に，ヨーロッパの工業の多極化が進んでいることや，工業地域が伝統的な原料立地から臨海立地，市場立地，集積立地へ移行していることについてまとめる | ● | | | ●ヨーロッパの工業の盛んな地域や，工業の中心分野が時代とともに変化していることなどを理解している。 |
| 【指導上の留意点】<br>　ユーロポートがEUの玄関口としての役割を担っていること，航空機産業では国際分業による製造が行われていること，高い技術を生かした第３のイタリアの特色などに触れながら，工業地域の変容や工業の多極化を確認する。 | | | | |
| 【本時のまとめ】<br>５　EUの発展と連動して，工業地域や工業分野が変容していること，１つの地域内でも産業が転換していることをまとめる | ● | | | ●ヨーロッパの工業について，本時の学習を整理し，地域の結びつきや変容について理解している。 |

## (3) 授業の展開と２つの「つまずき」

　ヨーロッパは，地域としての共通性や多様性を持ちつつ，自然環境，産業，生活文化，民族・宗教，政治的動向など各国の独自性も共存しています。この小単元では，探究学習にふさわしい，移民・難民問題，ブレグジット（イギリスのＥＵ離脱），エネルギー政策など，題材も豊富ですが，地理的事象を項目ごとに整理する授業展開ですと内容過多で授業時数に影響が出ます。さらに，これまでの標準４単位「地理Ｂ」に比べ，標準３単位「地理探究」では，授業時数が足りるかどうか不安になります。

### つまずきへの対応 ★

　高等学校学習指導要領（平成30年告示）「地理探究」（内容の取扱い）には，以下のように記載されています。

---

　(2)　現代世界の諸地域については，次のとおり取り扱うこと。

　ここで取り上げる地域は，中学校社会科地理的分野の「世界の諸地域」の学習における主に州を単位とする取り上げ方とは異なり，(1)現代世界の地域区分で学習した地域区分を踏まえるとともに，様々な規模の地域を世界全体から偏りなく取り上げるようにすること。また，取り上げた地域の多様な事象を項目ごとに整理して考察する地誌，取り上げた地域の特色ある事象と他の事象を有機的に関連付けて考察する地誌，対照的又は類似的な性格の二つの地域を比較して考察する地誌の考察方法を用いて学習できるよう工夫すること。

（下線部は筆者加筆）

---

　ヨーロッパ地誌の学習として，抑えるべきことをきっちり抑えながらも，探究学習の要素を盛り込む必要があります。また，「地理探究」の大項目「Ｂ　現代世界の地誌的考察」は，大項目「Ａ　現代世界の系統地理的考察」の学習成果を踏まえて，さらに大項目「Ｃ　現代世界におけるこれからの日本の国土像」は，大項目Ａ，Ｂの学習成果を踏まえて学習できるよう配慮することになります。すなわち，大項目Ａ，Ｂで考察，理解したことが，大項目Ｃの学習の前提となります。

　ヨーロッパ地誌に留まらず，決められた授業時数では，取りあげた地域の多様な事象を項目ごとに整理して考察する地誌（いわゆる静態地誌的）のみでなく，取りあげた地域の特色ある事象と他の事象を有機的に関連付けて考察する地誌（いわゆる動態地誌的）を大いに活用していく必要があります。例えば，次のような授業計画が考えられます。

表 「取り上げた地域の特色ある事象」を「EUの統合と変容」とした場合の指導計画例

| | 主題（問い） | 対象となる事象 |
|---|---|---|
| 第1時 | EUは，どのように地域区分ができるか。 | 地形，民族・言語 |
| 第2時 | EUはどのように加盟国を拡大していったのか。 | 統合への歩み |
| 第3時 | なぜフランスはEU最大の農業国なのか。 | 農牧業 |
| 第4時（本時） | **工業はどのように発達し，変化しているのか。** | 鉱工業 |
| 第5時 | なぜ西欧諸国から東欧諸国に生産拠点が移るのか。 | 域内格差・課題 |
| 第6時 | 今後，EUはどのように発展し，変貌していくか。 | （探究課題） |

（世界の諸地域において，ヨーロッパ地誌を6時間扱いとした場合）

　第1時でヨーロッパ地域を大観し，第2時でこの小単元の主題となるEUの統合について学習します。第3時以降，EUの統合と紐づけながら農牧業の特色，工業の変容，統合による地域課題等の学習を通して地理的な見方・考え方を働かせ，課題を追究したり解決したりする授業展開としています。

### つまずき② 地図帳は主題図の宝庫，教師が問いを発掘する身近な教材

　地理の授業において，生徒は常に地図帳（教科用図書「地図」）を携行しています。地図帳には言わずもがな多くの地理情報が掲載されていますが，普段の授業で地名を確認させるくらいで，十分に地図帳を活用しきれていません。身近な地図帳で，地理的技能や思考力等を育む授業をしたいのですが，なかなか難しいです。

### つまずきへの対応

　各学校にインターネットの整備が充実してきており，これからは地理院地図をはじめ，様々な地図サイトや統計サイトが積極的に活用されることでしょう。そうなると，地図帳に頼らない授業もさらに進んでいくのでしょうか。しかし各社の地図帳を広げてみると，多色刷りの見やすい主題図，大都市の周辺図や都市中心部の地図がイラストとともに描かれています。

　例えば，本時の資料①ルール工業地域の変化として，「製鉄・鉄鋼」が減っていることは誰もが読み取れますが，そのうち特にライン川支流や運河で激減しており，ライン川本流の「製鉄・鉄鋼」は激減とまではいえないのはなぜでしょうか。この問いを，「ライン川」「国際河川」「輸入鉄鉱石」「ユーロポート」等，既存の知識を活用して思考をさせてみるのも面白いかと思います。地図帳は，「問い」をつくりやすい身近な教材です。今後，アナログの地図帳の主題図と，デジタルの立体地図とを重ね合わせる授業展開も考えられます。地理学習の充実には，引き続き地図帳が必要不可欠です。

（増田　圭司）

## CASE

# 27

3年

 地理探究　現代世界の諸地域：アフリカ

## アフリカ社会の課題と可能性

3時間

## （1）　授業のねらい

・アフリカ社会の形成過程を，自然環境や歴史を捉え，多面的・多角的に整理する。
・著しい経済成長とその背景を理解し，資源の供給元として，また潜在的な大市場として注目されるアフリカを正しく評価し，日本とのこれからの関係を考察する。

## （2）　学習指導案（3時間）

（○…評定に用いる評価　●…学習改善につなげる評価）

| 生徒の学習活動 | 評価の観点 | | | 評価規準など |
|---|---|---|---|---|
| | 知 | 思 | 態 | |
| 【第1時】<br>1　アフリカのイメージ（導入）<br>・都市や景観等の写真を提示し，アフリカと思うものを理由とともに発表させる。<br>【指導上の留意点】<br>・貧困などアフリカの持つ負の面に加え，高層ビル街など発展した姿を紹介し，多様化の進む社会を学ぶ導入とする。 | | | ● | ●アフリカについて，見通しを持って学習に取り組もうとしている。 |
| 課題1　次の夏休みにアフリカに行くとする。どのような服装を準備するか。 | | | | |
| 2　アフリカの位置と気候<br>・アフリカの自然環境を想定しながら，グループ毎にまとめ，発表させる。<br>【指導上の留意点】<br>・大陸の大きさを認識させ，赤道の位置や緯度，広がりから気候の分布を考える。 | ● | | | ●アフリカの大きさを把握し，赤道を中心とした気候区の分布があり，緯度に応じて異なる季節変化が見られることを理解している。 |
| 3　アフリカの地形<br>・大陸分離で生じた低地の少ない地形，大地溝帯の存在，主要河川を地図帳等で整理する。 | ● | | | ●大陸を標高分布で捉え，降水分布と合わせ，主要河川の流路の位置や，灌漑や水運など各河川の持つ役割から理解している。 |
| 4　アフリカの人口<br>・人口が増え続けるアフリカと将来の姿をグラフや統計から考察する。 | | ○ | | ○若年層人口の増加や平均年齢を読み取り，次世代の市場として注目される理由を考察できている。 |

| 生徒の学習活動 | 評価の観点 | | | 評価規準など |
|---|---|---|---|---|
| | 知 | 思 | 態 | |

**【第2時】**

<table>
<tr><td colspan="5">課題2　南アフリカ共和国の国歌斉唱の映像を参考に，この歌の意味や背景を調べてみよう。</td></tr>
</table>

| 生徒の学習活動 | 知 | 思 | 態 | 評価規準など |
|---|---|---|---|---|
| 5　植民地支配の影響<br>・2つの歌が融合し，5つの言語が連なるという特殊な国歌の持つ意味を考える。<br>【指導上の留意点】<br>・他地域との関わりと公用語の分布（英語，仏語，アラビア語，スワヒリ語），独立後の内乱や紛争などから多民族の存在と植民地化の影響，貧困社会の背景を考える。 | | ● | | ●植民地支配や他地域との交流について，アフリカ社会の形成過程を，公用語やヨーロッパ系人種の分布等に着目しながら多面的・多角的に考察できている。 |
| 6　アラブ社会とサブサハラ<br>・サハラ砂漠を挟んで，南北で異なる社会が形成されている様子を考察する。 | | ● | | ●北アフリカのアラブ社会，旧スーダンの社会と分離，独立の背景を考察できている。 |
| 7　アフリカの産業<br>・焼畑農業の変化と，プランテーションの展開，換金作物に依存する農業を考察する。<br>・カッパーベルトの位置やレアメタル，ダイヤモンドの産出，原油など，エネルギー・鉱産資源の分布を地図から考察する。 | ●<br><br>● | | | ●人口増加と貨幣経済の浸透に伴う食料生産の課題を理解している。<br>●豊富な資源の存在と位置を理解し，内陸国の多さと開発に向けての課題を理解している。 |

**【第3時】**

<table>
<tr><td colspan="5">課題3　各国の経済成長の様子を調べて比較してみよう。</td></tr>
</table>

| 生徒の学習活動 | 知 | 思 | 態 | 評価規準など |
|---|---|---|---|---|
| 8　アフリカの経済発展<br>・1人当たりGDPや輸出額，輸出品目等を調べて，アフリカ諸国の経済力を理解する。<br>【指導上の留意点】<br>・鉱産資源の産出国の経済成長率が高いことを考察できるよう，品目を産業別に色分けしたグラフ作成などの作業が望まれる。 | ○ | | | ○農業国と資源産出国の輸出額の違いを理解し，1人当たりGDPにあらわれた国ごとの経済規模や急速な経済発展を見せる国の存在を考察できている。 |
| 9　変貌するアフリカの姿<br>・第1時で使った写真やリープフロッグの話題を提供し，資源の存在と諸外国の投資，経済発展が見込まれ，若年層人口が多い潜在的な大市場としての可能性などを理解する。日本との関係や日本の果たすべき役割について考察する。 | | ○ | ○ | ○アフリカ社会の経済発展と海外からの投資が集まる背景を考察し，アフリカの抱える課題や，日本との関係のあり方を主体的に追究しようとしている。 |

## (3) 授業の展開と3つの「つまずき」

### つまずき①　アフリカは，熱帯か砂漠を歩く服装ばかりがイメージされる

ジャングルと野生動物の分布するサバナ，サハラ砂漠というイメージが先行しています。

**つまずきへの対応**

　アフリカは低緯度というイメージは，ネグロイドは暑いところに居住するという思い込みに由来するものもあると思われますが，大陸の大きさを考えれば，南北端は東京とほぼ同緯度ですから温帯になることは理解できます。実はアフリカは地図上では小さく印象づけられています。メルカトル図法（同類の円筒図法を含む）を学ぶ時に，高緯度地方が拡大されて描かれることは学びますが，逆に低緯度地方を相対的に小さく見ていることは認識されていません。クイズ形式などでアフリカ大陸の大きさを印象づけてみてはどうでしょう。

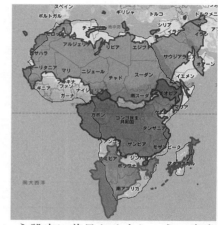

---

Q　アフリカ大陸と最も面積が近くなるのはどれか。

（アフリカ大陸の面積は3,037万km²）

①　ロシア

②　ロシア＋日本

③　ロシア＋中国＋日本

④　ロシア＋中国＋インド＋日本

（正解は④　1,707＋960＋328＋38＝3,033万km²）

---

右図は，Webサイト「The True Size Of…」で作成。移動先の緯度に応じた大きさで描かれる。

　温帯の存在に気がついている場合には，夏休みに行くという設定に着目させましょう。南半球では季節が逆になりますから，緯度の高い南部や高原では冬の防寒着も必要となります。「アフリカ」に行くという設定自体が，熱帯を思い描かせる誘導になっています。罠にかからず，広いアフリカのどこに行くのか，という気づきが地理的な見方には大切です。

### つまずき②　アフリカーンス語って何？　南アフリカ語？

「ケニア語」や「ナイジェリア語」のような国名に由来する原語名も見当たりません。

**つまずきへの対応**

　ネルソン・マンデラ大統領時代に民族融和の一環として2つの歌が融合された国歌は，前半部分「神よ，アフリカに祝福を」は黒人解放運動を象徴する歌で，コサ語，ズールー語，ソト語で，後半部分「南アフリカの呼び声」はアパルトヘイト下の国歌で，かつて南アの地に進出したオランダ語から派生したアフリカーンス語と英語で歌われます。ヨーロッパの進出と列強

同士での争奪，ヨーロッパ系による支配や差別などアフリカが歩んできた歴史が集約されているようです。言語の異なる複数の民族がいる国がアフリカに多いのは，民族分布を無視した植民地分割の名残で，多民族が共用できる旧宗主国の言語が公用語とされます。

**つまずき③　アフリカは貧困や飢餓ばかりが強調されている**

統計から数値の伸びは見えますが，金額を見ても経済成長の度合いがイメージできません。

**つまずきへの対応**

GDPは一国の生産活動の総額を示し，生産額が大きな産業が伸びれば大きくなります。GDPを人口で割れば，その経済規模で国民一人にどのくらいの所得がもたらされるかがわかります。この額は企業の所得なども含むため，個人の平均収入は一人あたりGDPのおよそ半分程度になるとされます。世界銀行の規定する国際貧困ラインは1日1.90ドル（年では640ドル）です。一人あたりGDPが1,000ドルになると白物家電やバイクが，3,000ドルで自動車が普及しはじめます。10,000ドルが新興国から先進国への移行段階であり，高級品や贅沢品の購入や海外旅行者数が増加します。アフリカには1,000ドル未満の国も残りますが，近年の資源価格の高騰でGDPが大きく伸長する国が多く見られますし，国内でも首都と農村では格差が広がっています。

## (4)　授業のブラッシュ・アップ

知識に偏りが大きく未知の事項も多いアフリカ地誌は，ジグソー法を導入して，主体的な学習に取り込ませる素材にも適していると考えられます。以下，一案をあげてみました。

| | 授業設定の案（3時間） |
|---|---|
| 第1時 | 「日本はアフリカ諸国とどのようにつきあっていくべきか」という問いをテーマにエキスパート活動を進める。グループに分かれて人口，貧困，産業，資源，貿易などから一つの項目のみを専門的に調査する探究活動をする。 |
| 第2時 | 第1時の調査グループから一人ずつを集めたグループに再編し，メンバーは各項目の専門家として新グループ内で教授し合うジグソー活動を行う。本時の開始時に，発展するアフリカの姿を紹介し，市場の可能性に誘導することも考えられる。 |
| 第3時 | グループ発表ならびに個人の考えのまとめを行うクロストーク。アフリカとのつきあい方を貧困への援助や国際協力のみとしたグループをどのように評価するかは，事前に検討しておくのがよい（第2時の誘導を行うか否かを含める）。 |

（白川　和彦）

## CASE 28

3年

地理探究 現代の諸地域：南アメリカ

# アマゾンの森林破壊の責任は，誰にあるのだろうか

4時間

## （1）　授業のねらい

・アマゾンの森林破壊の原因について，空間的相互依存関係や地域に着目して，グローバル化した世界やブラジル社会の抱える課題などから多面的・多角的に考察し，アマゾンの森林破壊の責任の所在について自己の見解を説明することができる。

## （2）　学習指導案（1〜2／4時間）

（○…評定に用いる評価　●…学習改善につなげる評価）

| 生徒の学習活動 | 評価の観点 | | | 評価規準など |
|---|---|---|---|---|
| | 知 | 思 | 態 | |
| 【第1時】<br>1　減少するアマゾンの熱帯林<br>・アマゾンの森林破壊について，確認し，アマゾンの熱帯林が減少すると，どういう影響があるか意見を出し合う。<br>①「アマゾン森林破壊 日本語字幕」<br>（https://www.youtube.com/watch?v=h35F5vNhH4I）<br>②「Global Forest Watch」の Map<br>（https://www.globalforestwatch.org/）<br>【指導上の留意点】<br>・中学校社会科地理的分野や地理総合での学習を振り返る。 | | | ● | ●アマゾンの森林破壊の状況を確認し，熱帯林の減少がどういう影響を与えるか，意見を出し合い，関心を持って学習に取り組もうとしている。<br>①　　②　　（QRコード） |
| 課題1　アマゾンの森林破壊の責任は，誰にあるのだろうか。 | | | | |
| ・課題（問い）に対してグループで話し合い，自分の見解（第1回目）をワークシートに記入する。 | | ● | | ●中学校社会科地理的分野や地理総合での学習の成果や他者の意見を聞きながら，自分の見解を表現している。 |
| 課題2　なぜ，アマゾンの森林破壊は起こっているのだろう。 | | | | |
| ・アマゾンの森林破壊の原因について，グループで調べ，主要な要因をまとめ，全体で共有する。 | | ● | | ●グループで協同してアマゾンの森林破壊の原因について調べ，まとめている。 |
| ・道路の建設以外のアマゾンの森林破壊の主要 | ● | | | ●ブラジルの主要な輸出品と大きく関わってお |

| 生徒の学習活動 | 評価の観点 | | | 評価規準など |
|---|---|---|---|---|
| | 知 | 思 | 態 | |
| な原因と関係する木材，牛肉，鉄鉱石等，大豆の生産量，輸出量，輸出先などを調べる。 | | | | り，日本も含め，中国その他，多くの国に輸出されていることを理解している。 |
| ・アマゾンの森林破壊の責任は誰にあるのだろうか，自分の見解（第2回目）をワークシートに記入する。 | | ● | | ●学習したことを基に，森林破壊の責任の所在について，自分の見解を表現している。 |
| 【第2時】<br>2 森林破壊とブラジル社会の関係<br>・1年で失われるアマゾンの熱帯雨林の面積の推移（③）を見て，わかることをクラス全体で共有する。<br>③ BBC NEWS JAPAN「ブラジルの熱帯雨林破壊，『2008年以来過去最悪』」（2020年12月1日（https://www.bbc.com/japanese/55140827） | ● | | | ●グラフからブラジルの熱帯雨林破壊が2016年ごろから上昇傾向にあり，特に2019年は上昇していることを読み取っている。<br>③<br> |
| **課題3** なぜ，減少していたのに，森林破壊が増え始めたのだろう。 | | | | |
| ・④を基に，テメル前大統領（2016〜2018年），ボルソナロ大統領（2019年〜）の環境政策などから，森林破壊が進んだことを理解する。<br>④ QuickESG研究所「アマゾンはなぜ燃えるのか－ポピュリズムとESGを考える」（2019年10月2日）（https://www.esg.quick.co.jp/research/1066） | ● | | | ●ブラジルの大統領の環境政策の転換（テメル大統領による環境省の予算43％カット，森林保護とパトロールを担当するスタッフの削減やボルソナロ大統領による環境NGOへの攻撃と開発の促進など）によって森林破壊が促されていることを理解している。 |
| ・「森林破壊を助長するようなボルソナロ大統領が，なぜ，国民から支持されているのか」，⑤を基に，ブラジル社会の抱える課題について考察し，話し合う。<br>⑤ Newsweek「『ブラジルのトランプ』極右候補が大統領に選ばれた理由」（2018年10月29日）（https://www.newsweekjapan.jp/stories/world/2018/10/post-11197_1.php） | | ● | | ●大統領を国民が支持する理由とブラジル社会が抱える課題（高い失業率，高い犯罪率，政治家の汚職と政治不信など）との関係について多面的・多角的に考察し，説明している。 |
| **課題4** アマゾンの森林破壊の責任は，誰にあるのだろうか。（2回目） | | | | |
| ・学習全体を振り返り，もう一度，自分の見解をワークシートに記入する。 | | ○ | | ○学習したことを基に，森林破壊の責任の所在について，自分の見解を表現している。 |

## (3) 授業の展開と３つの「つまずき」

### つまずき①　アマゾンの森林破壊といわれても，自分との関連性をあまり見出せない

　アマゾンの森林破壊については，中学校社会科地理的分野や地理総合などでも学習をしているところだとは思いますが，地球温暖化などで自分たちにも森林破壊の影響が及んでいる，ということは比較的関連付けることはできますが，自分たちも森林を破壊することに関わっている，ということには関連性をあまり見出せないようで，主体的な学びが浅くなりがちです。

### つまずきへの対応

　そこで，第１時・第２時を通して問い続ける問いとして「アマゾンの森林破壊の責任は，誰にあるのだろうか」を設定しました。このことによって，森林破壊のステイクホルダーに意識を持たせ，自分自身がどのような利害関係にあるのか，ということを通して，森林破壊との関わりを見出し，主体的な学びが促進されるように考えました。なお，この問いについては，青本和樹「世界の諸地域『南アメリカ州』―急速な開発と環境破壊―」（草原和博・大阪遊編著『学びの意味を追究した中学校地理の単元デザイン』明治図書，2021年，pp.86-91）を参考にしました。

### つまずき②　森林破壊の原因の追究が，経済的な要因に留まる

　アマゾンの森林破壊の主な要因は，木材の不法伐採，牧場の造成，鉄鉱石などの鉱山開発（例：カラジャス鉄山），大豆の栽培など，ブラジルの主要な輸出品と関係した経済的な要因からの説明に留まりがちです。

### つまずきへの対応

　このようなつまずきを解決するために，ブラジルにおける政治的，社会的な側面を第２時で取りあげることにしました。2016年以降，アマゾンの森林破壊が再び増加傾向にあり，特に2019年は森林破壊が急増しており，任期が重なるテメル前大統領，ボルソナロ大統領の環境政策によって引き起こされていることを，「なぜ，減少していたのに，森林破壊が増え始めたのだろう」という問いを考察させることによって理解させるようにしました。また，その森林破壊を助長させている２人の大統領は選挙によって国民に選ばれた大統領であることから，責任は大統領だけではなく支持した国民にもその一端はあることを理解させるようにしました。そしてさらに「なぜ，国民から支持されているのか」と問い，考察させることによって，ブラジル社会が抱える課題（高い失業率，高い犯罪率，政治家の汚職と政治不信など）が大きく関わっており，誰かの責任というよりもブラジル社会の構造的な問題が森林破壊の背景に横たわっていることを，考察，理解させるようにしました。

　このことによって，第１時ではグローバル経済という構造的な問題，第２時ではブラジル社

会の構造的な問題という，誰かに責任転換させることが難しい複合的・構造的な問題であることを理解させるようにしました。

## つまずき③ 「粘り強さ」と「自己調整」が必要となる追究になるように

「主体的に学習に取り組む態度」の評価を行う前に，授業が，生徒が主体的に取り組む「粘り強さ」と「自己調整」を必要とする学習になっているかが問われます。

### つまずきへの対応 ★

　今回の学習指導要領の改訂で，高等学校でも観点別に評価をすることになり，「主体的に学習に取り組む態度」の評価をどうするか，ということが問われるようになりました。その際，①粘り強い取り組みを行おうとする側面，②自らの学習を調整しようとする側面の２つの側面から評価することが求められます（国立教育政策研究所「「指導と評価の一体化」のための学習評価に関する参考資料 高等学校地理歴史」2021年）。しかし，評価の前に，そもそも授業そのものが，「粘り強さ」と「自己調整」を必要とする授業になっているか，が問われます。まさに「指導と評価の一体化」です。提案の授業は，つまずき①・②の対応とも相まって，最初に設定した「アマゾンの森林破壊の責任は，誰にあるのだろうか」という問いそのものまでも吟味する必要が出てきます。グローバル化した経済，ブラジル社会が抱える構造的な問題といった，誰かの責任に転嫁することのできない，まさに問題が問題として立ち上がる要因が深く掘り下げられ，設定された問いそのものを吟味，調整し，粘り強く問い続けることを要求します。そういった意味で，授業の最後に再び問う「アマゾンの森林破壊の責任は，誰にあるのだろうか」という問いについての生徒の見解は，自己の関わりと学習の成果を踏まえ挑戦した，非常に尊いものとなると思います。

## (4) 授業のブラッシュ・アップ

　最後に表明したそれぞれの生徒の見解を公開し，相互交流，相互評価を行うと，さらに学びは深くなるでしょう。他者の見解から学び，他者の評価に耳を傾ける中で，「○○さんの□□の視点はすごいなぁ」「もう少し，ここをこうすればよかった」「次は，△△に気をつけよう」など，自己の学びを反省的に吟味することとなるでしょう。本時の学びが，さらに次の主体的な学びへとつながります。

(中本　和彦)

地理探究　　現代世界の諸地域：オーストラリア

## オーストラリアは資源が豊富なのに，なぜ工業があまり発展していないのか

2時間

### (1)　授業のねらい

・オーストラリアで産出される鉱産資源とその産出地域を地体構造と絡めて理解する。

・オーストラリアは資源に恵まれ技術もあるのにもかかわらず，工業があまり発達していない理由を人口に注目して考察させる。

・オーストラリアの産品を輸出する際，輸送コストが高くなってしまう理由を，その地理的位置に注目して考察させる。

### (2)　学習指導案（1／2時間）

（○…評定に用いる評価　●…学習改善につなげる評価）

| 生徒の学習活動 | 評価の観点 | | | 評価規準など |
|---|---|---|---|---|
| | 知 | 思 | 態 | |
| 1　前時に学習したオーストラリアの概要を復習する<br>【指導上の留意点】<br>　生徒の様子を見ながら，亜熱帯（中緯度）高圧帯などのヒントを適宜与える。 | ● | | | ●オーストラリア大陸では乾燥気候が卓越しているという前時の内容を理解している。 |
| **課題1**　オーストラリアの石炭と鉄鉱石の産出地域と，産出量の順位を統計を活用して調べる。 | | | | |
| 2　石炭と鉄鉱石の国別産出順位を調べ，円グラフなどにまとめる<br>【指導上の留意点】<br>　方眼紙やあらかじめ円が描かれた用紙を配布し，各自でデータの表現方法を考えさせ，作業させる。 | ○ | | | ○ただ国名を列記するのではなく，円グラフや帯グラフなどわかりやすく表現されている。 |
| 3　オーストラリアの主要資源の産出地域を地体構造に着目して理解させる<br>【指導上の留意点】<br>　以前学習した，古い変動帯（古期造山 | ● | ● | | ●Google Earth の空中写真やストリートビューなどを活用して，実際の鉱山の様子を読み取ったり，考察したりしている。 |

| 生徒の学習活動 | 評価の観点 | | | 評価規準など |
|---|---|---|---|---|
| | 知 | 思 | 態 | |
| 帯）からは石炭，安定陸塊（大陸）からは鉄鉱石が産出されることを確認する。 | | | | |
| **課題2　オーストラリアはどのようなものを輸出しているのだろうか。** | | | | |
| 4　オーストラリアの輸出品目を調べ，工業製品の割合が低いことを理解する<br>【指導上の留意点】<br>　一人あたりのGNI等のデータを示し，輸出品目を予想させてから調べさせる。 | ● | | | ●オーストラリアは先進国であり，工業を発展させる技術が低いわけではないことを理解している。 |
| **課題3　オーストラリアは資源も豊富で技術力もある先進国なのに，なぜ工業があまり発展していないのか。** | | | | |
| 5　課題3の問いについて，グループで考える（つまずき①）<br>【指導上の留意点】<br>　話し合いが暗礁に乗り上げそうな場合は，適宜人口というヒントを与える。 | | ● | | ●前時で学習した自然環境や人口など，複数の要素をいわばレイヤー構造のように重ね合わせて考察できている。 |
| **課題4　国内市場が小さいのなら輸出すればよいのに，どうして積極的に輸出しようとしないのか。** | | | | |
| 6　課題4の問いについて，グループで考える（つまずき②）<br>【指導上の留意点】<br>　オーストラリア中心のメルカトル図法と正距方位図法を見せ，主要マーケットの欧米や日本までの地理的な距離に注目させる。 | | ● | | ●オーストラリアの地理的な位置と主要マーケットとの距離から，輸送費が多く必要で，他国製品との価格競争力が低下していると考察している。 |

## (3)　授業の展開と2つの「つまずき」

### つまずき①　製品はつくることができても売れなければ意味がない

　多くの生徒は，資源，エネルギー，技術があれば工業製品をつくることが可能なので産業が成立すると考えがちで，マーケット（市場）を意識する生徒は少ないと感じています。つまり製品が製造できたとしても，それが売れて利益が得られなければ産業として成り立たない，という経済的な面での思考に欠ける傾向にあります。そこでこの授業では，産業活動は営利を得ることが目的なのだから売れなければ意味がない，といういわば商売として当たり前のマーケットを意識させることを主眼としています。

このことに気づくと，中国やインドという人口大国がとても魅力的なマーケットであることに気づきます。また，国土はあまり広くはないものの，人口が一億人を超える日本も諸外国に比べると魅力的なマーケットであると捉えられるようになるはずです。そして世界第二位の面積を誇るカナダの人口を超える約4,000万人が集住する関東平野が，いかにマーケットとして魅力的であるかということに気づいてくれるはずです。

## つまずきへの対応

　このつまずきを克服するため，指名した生徒と次のような対話を行いました。

教　師：オーストラリアの鉄鉱石と石炭は，両方とも質的にいいんですよ。でも「課題２」で調べた輸出品を見て欲しいんですが，オーストラリアは製鉄所でつくった鉄鋼製品はランクインしておらず，主に鉄鉱石や石炭という原料をそのまま輸出していますよね。どうしてよい資源があるのに製鉄しないのでしょうか？

生　徒：鉄をつくる技術がない？

教　師：確かにその可能性もありますよね。でもオーストラリアって先進国だから鉄をつくる技術はあるんじゃないですか？

生　徒：あっそうか。じゃあどうして？

教　師：謎ですよね。例えば，私がとっても美味しいホットドックをつくることができたとして，それをうちの高校の購買で売るのと東京ドームで売るのではどっちが儲かるでしょう？

生　徒：東京ドーム!!

教　師：ですよね。あそこはライブとかだと約五万人収容できますからね。それに対してうちの高校は生徒数約千人です。このエピソードをオーストラリアが製鉄に熱心ではないことに当てはめると？

生　徒：買うお客が少ないってこと？

教　師：そう!!　人口が少ないってことは，ものを買ってくれるお客の数が少ない，つまり「国内市場が小さい」ってことです。つまりつくってもあんまり売れないんです。だから？

生　徒：そのまま売ってしまえ!!

教　師：ですね。鉱産資源を加工せずそのまま輸出して，それを売って得たお金で工業製品を輸入すればいいって考えたというわけなんですね。

## つまずき②　地理的な位置から輸送費に焦点をおく

　例えば日本で製造される大型オートバイの約７割は輸出されています（2019年日本自動車工

業会Webサイトより）。このような例を引き合いに出してから生徒に「国内マーケットが小さいのであれば，大型オートバイのように輸出すればよいではないか」と投げかけてみると，そういわれてみればそうだよな，といった表情をすることが多いです。多くの生徒たちは輸送費という観点に乏しいのです。そこでまずはグループでアイデアを出し合って考えさせ，それが難しいようであれば地図を見せ，主要マーケットまでの距離を意識させたいと考えました。

## つまずきへの対応 ★★

　このつまずきを克服するため，指名した生徒と次のような対話を行いました。

教　師：このグループは地図からあることに気づいたらしいので聞いてみましょう。地図からどんなことに気づきましたか？

生　徒：オーストラリアは買ってくれそうな欧米まで距離が遠いから船賃とか余計にかかる。

教　師：そう，オーストラリアってかつて主要な消費地，つまり鉄とか商品をたくさん買ってくれそうなヨーロッパとかアメリカとかまでの距離が遠いですよね。ちなみに3年だからいっておきますが，あっ地図帳を見てみましょう。NZのantipodes諸島って「対蹠点諸島」って意味ですからね。これ，どこから見た時の対蹠点だと思いますか？

生　徒：わかりません。

教　師：もう……，わからないなら考えましょうよ。じゃあヒントです。この近くに日付変更線があるでしょう。この日付変更線を私のこの鼻筋を通る縦の線だとすると，ちょうど反対側の後頭部真ん中を通る縦の線は？

生　徒：グリニッジ!?

教　師：そう。その通り。ってことはantipodes諸島はどこの対蹠点でしょうか？

生　徒：ロンドン!!

教　師：素晴らしい。その通りです。で，話を元に戻すとオーストラリアは大きなマーケットである欧米と距離が遠いため輸送費が余計にかかる。だからどうしても高い値段になってしまう。でも鉄はどこの国でつくっても同じだから，わざわざ南半球のオーストラリアのものを買う必要はないわけですよね。これを論述問題的な表現をすると，オーストラリアは主要マーケットの欧米と地理的距離が遠いため輸送費が高く，価格競争力が低いってことになります。

　発展的な内容としては，「本当に鉄はどこの国でつくっても同じなのか」と話題を振り，電気自動車のモーターに使う鉄の特許をめぐる問題やあるいは高張力鋼板（ハイテン）と自動車産業といった話に触れてもよいのではないでしょうか。

（柴田　祥彦）

## CASE

# 30

3年

地理探究　持続可能な国土像の探究

## どうすれば持続可能な社会の担い手は自分だと気づくのだろうか

8時間

### (1)　授業のねらい

・現代世界におけるこれからの日本の国土像を探究する中で，持続可能な社会の担い手は自分だと気づくことができる。

### (2)　学習指導案（8時間）

（○…評定に用いる評価　●…学習改善につなげる評価）

| 生徒の学習活動 | 評価の観点 | | | 評価規準など |
|---|---|---|---|---|
| | 知 | 思 | 態 | |
| 【第1時】 | | | | |
| **課題1　あなたならどこに住むか。** | | | | |
| 1　あなたならどこに住むか<br>・東京の大学に進学することになったと仮定し，転居のための住まいを考察する。<br>【指導上の留意点】<br>　転居先を東京のある地域と仮定し，その地域の地図に，物件Aから物件Dを設定する。その際に，物件Aから物件Dに家賃などを設定する。間取りや築年数はほぼ同じとする。配布した地図以外にWebGISサイトなどの活用も可能とする。<br>・自分がどの物件を選択したのか，また，そのように判断した理由をグループで共有する。<br>・グループの中で最も支持を得た物件と，そのように判断した理由を，ホワイトボードに記載し，黒板に掲示することで，学級全体で共有する。<br>・各グループのホワイトボードを参考に，最終的に自分がどのような条件を優先し， | ○ | | | ○現代世界におけるこれからの日本の国土像の探究を基に，我が国が抱える地理的な諸課題の解決の方向性や将来の国土の在り方などを構想することの重要性や，探究する手法などについて理解している。<br>・実際に転居が控えている場合が多いので，自分事として学習に取り組むことができる。<br>・自分がこれから住む環境を調べる中で，地域を探究する手法について理解する。<br>・物件を選択する情報として，この地域のハザードマップを配布する。<br>・現代世界におけるこれからの日本の国土像の探究の前に，大学進学という自分の行動が社会に大きな変化をもたらすことを自覚することを目的とする。 |

| 生徒の学習活動 | 評価の観点 | | | 評価規準など |
|---|---|---|---|---|
| | 知 | 思 | 態 | |
| どの物件を選択するか判断する。<br><br>【第2～8時】 | | | | |
| 課題2　地域の結びつき，構造や変容，持続可能な社会づくりなどに着目して，我が国が抱える<br>　　　　地理的な諸課題を表現し，その解決の方向性や将来の国土の在り方について考察してみ<br>　　　　よう。 | | | | |
| 2　我が国が抱える地理的な諸課題について解決の方向性や将来の国土の在り方について構想しよう<br>・我が国が抱える地理的な諸課題をグループで共有する。<br><br>・最終的には，将来の国土の在り方まで探究することを目指す。<br><br>【指導上の留意点】<br>　我が国が抱える地理的な諸課題は，18歳人口の進学などに伴う移動などの地域の結び付き，構造や変容などの視点に着目することで，その要因も含めて，多面的・多角的に考察することができることに気づかせる。 | | ○ | ○ | ○現代世界におけるこれからの日本の国土像について，地域の結び付き，構造や変容，持続可能な社会づくりなどに着目して，主題を設定し，我が国が抱える地理的な諸課題の解決の方向性や将来の国土の在り方などを多面的・多角的に探究し，表現している。<br><br>○持続可能な国土像の探究について，よりよい社会の実現を視野にそこで見られる課題を主体的に探究しようとしている。 |

## (3) 授業の展開と１つの「つまずき」

つまずき① 大学生活での住まい探しでは，どのような条件が優先されるのだろうか

　物件AからDの条件は表１の通りです。表の数字はそれぞれの条件の順位を示しています。例えば，家賃は物件Bが最も高く，物件Aが最も安いです。買い物のしやすさなどの利便性は物件Bが最もよく，物件Cが最も悪いです。標高は物件Cが最も高く，物件Dが最も低いなどです。

表１　物件AからDの条件

| | 物件A | 物件B | 物件C | 物件D |
|---|---|---|---|---|
| 家　賃 | 4 | 1 | 3 | 2 |
| 利便性 | 3 | 1 | 4 | 2 |
| 標　高 | 3 | 2 | 1 | 4 |

　表２は生徒が最終的に選択した物件を示しています。地理院地図で地形を確認したり，ハザードマップを配布したりしたにもかかわらず，多くの生徒が最も家賃が安い物件Aを選択したことがわかります。大学進学の際の住まい探しという設定によって，学習に自分事として取り組むことができたことは間違いありません。しかし，大学生活という短期間の住まい探しとなったため，防災の意識より，家賃の安さが優先されたと考えられます。

表２　最終的に選択した物件

| 物件A | 38% |
|---|---|
| 物件B | 28% |
| 物件C | 22% |
| 物件D | 12% |

　それは，どの条件を何番目に優先するかを調査した表３からもわかります。

表３　優先する物件の条件

| | 1番目 | 2番目 | 3番目 |
|---|---|---|---|
| 家　賃 | 47% | 31% | 22% |
| 利便性 | 34% | 45% | 21% |
| 標　高 | 19% | 24% | 57% |

つまずきへの対応

　それでは，大学生活の短期間の住まい探しという設定を，一生住む終の棲家探しにした方がよいのでしょうか。本単元では，最終的に「地域の結びつき，構造や変容，持続可能な社会づくりなどに着目して，我が国が抱える地理的な諸課題を表現し，その解決の方向性や将来の国土の在り方について考察する」ことを目指します。単元の導入として設定した本時は，住まい探しを通して，地域を探究する手法を身につけるとともに，自らの進学の際の転居が，地域の

結びつき，構造や変容に影響することに気づくことも重要です。本単元の問いに対して自分事として探究するためには，どのような導入が有効なのでしょうか。

## ⑷　授業のブラッシュ・アップ

　家賃，利便性，標高以外に考慮したい条件は以下の表４の通りでした。

表４　その他に優先する物件の条件

| | |
|---|---|
| 治安のよさ・静かさ | 55% |
| 交通のアクセス（駅からの近さ・大学までの近さ） | 34% |
| 間取り | 5 % |
| バイト先が近くに豊富 | 3 % |

　治安のよさ・静かさが物件の条件として優先されるところに，高校生が１人暮らしを始める際の不安な気持ちが表れています。この結果からも，本時の学習に，自分事として取り組むことができたことがわかります。次時の冒頭で，「大学進学に伴う転居が，日本のどのような影響をもたらすのでしょう」と問いかけてみましょう。自分の行動が，日本の国土の構造に変容をもたらし，地域の結びつきを希薄にすることに気づくでしょう。そして，将来の国土像の在り方について，自分事として探究できるでしょう。

　以下に本実践の際の生徒の感想を記します。取り組みを通して，防災の意識が高まった生徒もいました。また，実際に現地を確認することの大切さに気づいた生徒もいました。

　都会なので，買い物のしにくさはある程度カバーできると思ったが，その他の防災面や治安面など，最初に考えていた家賃面とは違った観点からも考慮することが必要だと気づいた。地理院地図の使い方が全くわからず，友達に色々教えてもらった。自力で操作できるようになってよかった。

　平面的な地図だけでなく，ハザードマップなどいろいろなマップから情報を読み取って考えることができてよかった。でも，実際に行ってみないと決められないなと思った。

　いろんな要素で考えるのが難しかったから，本当に一人暮らしするとなったらもっと大変だろうなと思った。

（高木　優）

# おわりに

　本書は，「つまずきから授業を変える！」と題した高等学校地理，歴史，公民の３冊のうちの１冊です。具体的な授業と評価の場面，授業におけるつまずきとその対応策を提案し，「つまずき」から授業と評価の改善を図り，「アクティブ・ラーニング」を通した「深い学び」の実現を目指しています。

　執筆段階では，「地理総合」「地理探究」はまだ実施されていませんでした。執筆者には，「高等学校学習指導要領解説 地理歴史」「「指導と評価の一体化」のための学習評価に関する参考資料 高等学校地理歴史」の地理の作成に携わった，教職経験豊富で優れた地理の実践を行っている先生方に集まっていただきました。完成まで，公務多忙の中，働き方改革とは真逆の毎月１回（合計４回），Zoom による検討会（約１時間の議論と希望者による１時間の情報交換・懇話会），メールによる個別の意見交換などを行って，まだ見ぬ「地理総合」「地理探究」の授業と評価に向けて執筆を進めていきました。

　「つまずき」からの議論は，直接執筆に関わる事柄に留まらず，多岐にわたりました。「地理総合」が必履修となり，地理が苦手な先生や地理を専門としない先生も授業を担当されること，駆け出しの先生が教科書通りの問いから抜け出せずに困っておられること，生徒が提案する地球的な課題の解決策が実現可能性の低い，表面的なものになりがちなこと，地図や資料の読み取りが苦手だったり誤った認識をしたりする生徒が多いこと，１人１台端末はよいけれどインターネットによる答え探しとなってしまうこと，評価の観点に記す白丸（○），黒丸（●）の区別はどう違うのか，いくつつければよいのか，など，本当に多様でした。

　しかし，それらの中で，授業に関して多く議論されたのは，「問い」と「資料」と「答え」の関係，特に「問い」と「答え」に関わる地図や統計などの「資料」について，どういう資料からどういう問いを発見させ，何を読み取らせ，何を考察，理解させるのか，といったことでした。そして評価では，単に授業の終わりに評定のための評価（○）を設定するというのではなく，授業中でも積極的につまずきを見つけ，その対応を図ることで学習改善につなげる。そのための評価を設定すること（●）（形成的評価）。それには，どこで何を評価するか，ということに議論の重点が置かれました。例えば，初期の検討会では，○，●について，授業の導入部分で「主体的に学習に取り組む態度」に○が記してあることが話題になりました。授業に向かう関心・意欲を見取ろうとする評価であるが，導入で○が設定されるということは，この授業で育てられた「主体的に学習に取り組む態度」ではなく，授業前に育てられた関心・意欲が働いて主体的に学ぼうとしていたことをこの授業の評価として評定をつけることになるのではないか，ということが議論になりました。その結果，○は●に変更されることになりました。つまり，導入で●として授業に向かう関心・意欲を評価する（見取る）ことによって，生徒の

授業に向かう主体的な態度についてのつまずきを発見し，学習改善につなげることに，ここでの評価のねらいがより明確になっていったのです。

　このような議論を重ねて執筆者の先生方には，それぞれの課題意識の中で授業に見られる多様な課題やつまずきに向き合い，豊富な教職経験や授業理論に基づいて確かな指導の手立てを遺憾なく発揮し，執筆していただきました。どの先生も地理の授業，地理を通して育てようとする生徒への愛情は深く，議論を重ねる毎にそれをひしひしと感じることができました。そのため，あえて編者の方で枠をはめて拘束しないように執筆していただきました。結果，一定程度の形式は統一されてはいるものの，各CASEで示される授業の問いや資料の面白さ，展開されるつまずきとその対応の表現などは，それぞれ個性的かつ多彩なものとなりました。

　この本を手に取られる先生方や学生の方も，駆け出しの先生方からベテランの先生方，これから地理の教員になろうと教職課程をスタートさせたばかりの学部生から研究を進める大学院生まで多様だと思います。また，現職の先生であれば，学校や地域，生徒の状況も異なり，「今度，授業でやってみよう」とか，「こんなこと自分の学校ではできない」など，それぞれがいろんな受け止め方で各執筆者の提案を，そしてそこに込められた熱意やメッセージを受け取られることと思います。全体の構成はもとより，個々の論述にも不備がないとはいえませんが，その責は，ひとえに編者にあります。読者の皆様の忌憚のないご批判，ご意見をお寄せいただきたく存じます。

　カリキュラム・マネジメントが求められる今，読者の皆様が，学習指導要領を参照しつつ，しかし，自らの育てたい子ども像に嘘をつくことなく，目の前の生徒の問題関心や教室の状況を考慮しながら，自主的・自立的なゲートキーパーとして，これから始まる地理総合，地理探究の授業づくりと実践，評価をされることを願うとともに，本書がその際の一助になれば幸いです。

　執筆者の先生方には，コロナ禍の中，多くの時間を頂戴し，貴重な授業実践と生徒の様子を報告していただきました。本当にありがとうございました。また，福井大学の橋本康弘先生には，つまずきからの授業実践・評価研究を一緒に考えてみようと誘っていただきました。この場を借りて深く感謝を申し上げたいと思います。

　最後に，本書の刊行にあたり，とりわけ出版に向けて多くのご支援をいただいた明治図書出版の及川誠様，丁寧な校正をいただいた杉浦佐和子様には，心より御礼を申し上げます。

2022年7月

中本　和彦

【執筆者一覧】

橋本　康弘　福井大学

中本　和彦　龍谷大学

田中　隆志　群馬県立藤岡中央高等学校

永田　成文　広島修道大学

小平　宏之　栃木県立鹿沼高等学校

増田　圭司　埼玉県立総合教育センター

高木　　優　神戸大学附属中等教育学校

加藤　一郎　埼玉県立坂戸西高等学校

松本　穂高　茨城県立竹園高等学校

窪田　幸彦　山梨県教育庁高校教育課

柴田　祥彦　東京都立三鷹中等教育学校

白川　和彦　東京都立青山高等学校

【編著者紹介】

**橋本　康弘**（はしもと　やすひろ）

平成7年に広島大学大学院を修了後，広島市立大手町商業高等学校教諭，広島大学附属福山中・高等学校教諭などを経て，平成14年に兵庫教育大学助手，平成16年に福井大学教育地域科学部助教授に就任。平成22年度には文部科学省教科調査官を務める。現在は，福井大学学術研究院教育・人文社会系部門教授。主な編著本に，『高校社会「公共」の授業を創る』（2018年），『中学公民　生徒が夢中になる！アクティブ・ラーニング＆導入ネタ80』（2016年，以上明治図書出版）がある。

**中本　和彦**（なかもと　かずひこ）

平成3年に広島大学教育学部を卒業後，広島県の高等学校教諭となり，平成14年広島県立教育センター指導主事。平成20年に四天王寺大学教育学部講師，その後准教授，教授を経て，平成31年から龍谷大学法学部准教授。その間，平成11年兵庫教育大学大学院修了，平成23年兵庫教育大学大学院連合学校教育学研究科修了（博士（学校教育学））。主な著書に，『中等地理教育内容開発研究』（2014年，風間書房）（単著），『中学校社会　指導スキル大全』（2022年，明治図書出版）（共著）がある。

つまずきから授業を変える！
高校地理「PDCA」授業＆評価プラン

| | | | | |
|---|---|---|---|---|
| 2022年8月初版第1刷刊 | ©編著者 | 橋　本　康　弘 | | |
| | | 中　本　和　彦 | | |
| | 発行者 | 藤　原　光　政 | | |
| | 発行所 | 明治図書出版株式会社 | | |

http://www.meijitosho.co.jp
（企画）及川　誠（校正）杉浦佐和子
〒114-0023　東京都北区滝野川7-46-1
振替00160-5-151318　電話03（5907）6703
ご注文窓口　電話03（5907）6668

＊検印省略　　　組版所　中　央　美　版

Printed in Japan　　　　ISBN978-4-18-389635-3
もれなくクーポンがもらえる！読者アンケートはこちらから→